涨 停 启 动

注册制
超短交易盈利法

杨　琪◎著

海天出版社
HAITIAN PUBLISHING HOUSE

·深圳·

图书在版编目（CIP）数据

涨停启动：注册制超短交易盈利法 / 杨琪著. —
深圳：海天出版社, 2021.9
ISBN 978-7-5507-3097-7

Ⅰ.①涨… Ⅱ.①杨… Ⅲ.①股票交易—基本知识
Ⅳ.①F830.91

中国版本图书馆CIP数据核字(2020)第265452号

涨停启动：注册制超短交易盈利法

ZHANGTING QIDONG ZHUCEZHI CHAODUAN JIAOYI YINGLIFA

出 品 人　聂雄前
责任编辑　卞　青
责任技编　梁立新
责任校对　黄海燕
装帧设计　斯迈德设计 0755-83144228

出版发行　海天出版社
地　　址　深圳市彩田南路海天大厦（518033）
网　　址　www.htph.com.cn
订购电话　0755-83460239（邮购、团购）
排版制作　深圳市斯迈德设计企划有限公司（0755-83144228）
印　　刷　深圳市希望印刷有限公司
开　　本　787mm×1092mm　1/16
印　　张　13
字　　数　165千
版　　次　2021年9月第1版
印　　次　2021年9月弟1次
定　　价　78.00元

导　读

注册制，是从国外成熟市场移植过来的一个新生事物，能否在 A 股成功复制，是监管层非常重视的一件事。

在全面推广实施之前，上海证券交易所率先开辟了一块试验田，即先开设了科创板，采用了全新的交易规则；为了稳妥起见，让一部分交易者先行参与，为今后在 A 股全市场的推广实施，提供成熟的经验。

时至今日，科创板上市一年有余，率先进行科创板交易的交易者，已经收获了一些经验教训。从网络交流的信息看来，除了资金要求（有开户资格的科创板参与者，必须在连续 20 个交易日内，资金账户余额在 50 万元以上）之外，交易者还非常缺乏交易技巧。

注册制交易规则是有别于主板的，很多主板技巧在实行注册制的科创板失效，而在主板已经失效的交易技巧，却在科创板如鱼得水！

事实上，太多的股民在自己迄今为止的过往交易中，都是亏损的。每个人亏损的原因有很多，最关键的问题，应该还是他们实在太缺乏证券知识了。找工作还需要大学文凭呢，同理，炒股也需要掌握一定的基础理论。如果我们把一个人所掌握的证券知识，用学历衡量的话，那么大部分交易者的能力，也就是小学水平而已。少犯错不犯错的高手，其能力水平则相当于大学毕业，也可以用成功率鉴定其相当于硕士或者博士水平。知识越丰富，能力就越强，这两者之间是成正比的。所以笔者殷切希望大家，能够正视提高自己能力这件事情，不至于到了最后是炒股亏了一辈子。对大部分的炒股人而言，往往难逃这个宿命。

如果不能拥有绝对正确的交易理念，并且在此基础上建立一套高成功率的交易系统，养不成一种从成功概率考虑问题的习惯，在股市中很难生存，亏损是难以避免的。

下图是交易过程中，亏损族在不同阶段的固定思维，对号入座，反思一下你是这样做的吗？

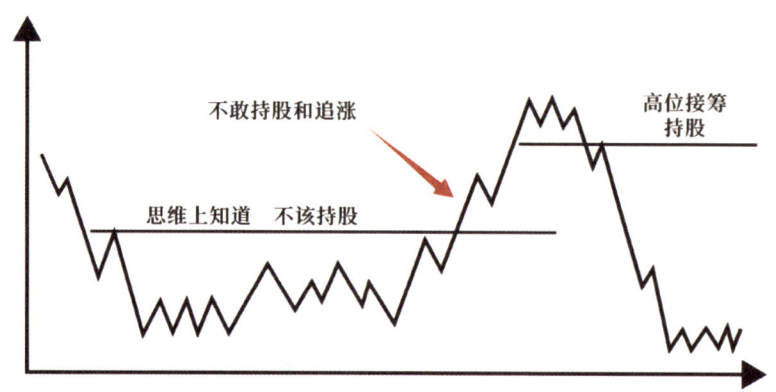

交易者是采用左侧交易还是右侧交易，是交易理念上的区别，具体到交易技巧上时，一种是逢低买入，另一种是买明确无误的初涨。上图所示一个完整循环交易过程，从中大家可以看到，所有的交易行为只有买在一个位置，是唯一正确的买点，才是短期在一笔交易中，能够做到利润最大化的买入位置。

下面这幅图是在注册制交易规则下，赚快钱高手的三个买点：

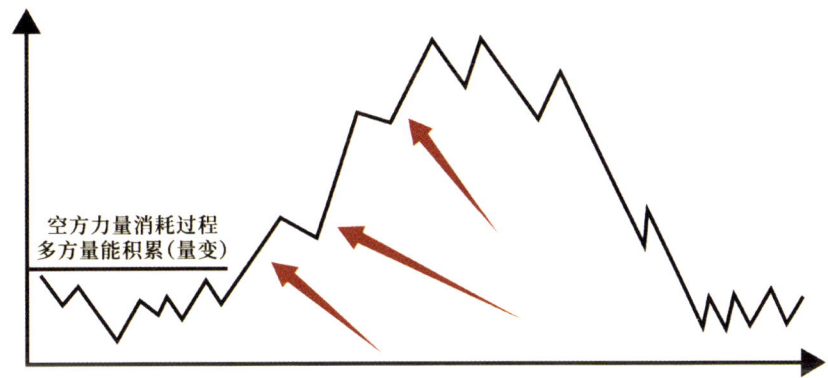

空方力量消耗过程
多方量能积累（量变）

下面您将阅读到的内容，就贯穿着这个理念和具体的交易技巧。

说到交易技巧，很多人都是存在着短板的。研究基本面预选股，几乎是所有交易者都在采用的做法，其实这个思维误区危害不小，尤其是在实施注册制的上市公司。

因为是注册上市，申请公司没有上市前三年必须盈利的硬性业绩规定和审核，注册制上市公司的业绩，普遍不太好，甚至亏损、巨亏；注册制上市公司的上市股价定位往往是很高的，如果以动态市盈率定价，那科创板的上市公司股价，一般是主板股中有可比性个股的几倍以上，甚至不乏十几倍或更高的。事实上公司的收益增长，是很难跑赢股价增长的。

高价、高市盈率，是注册制上市公司身上的标签，存在就是合理，问题是喜欢预判选股的价值投资者，能接受这些远高于主板股三四倍股价的个股吗？如果你只接受现实，不能想象未来，参与注册制个股交易是件不可能的事情，仅仅股价太高这个理由，就足以吓退太多"理性"的交易者。

"理性"的交易者，不敢买高价的注册制个股是一定的，尤其是长线投资者。大跌之后买吧？地平线下还有地下室，甚至十八层地狱；追高买吧，某一天一根 -20% 的大阴棒，砸去你之前慢涨所积蓄的利润不说，还可能套得你成仙欲死，哭晕在厕所。

用**超短战术**去交易注册制个股，是我认为最妥当的交易技巧！当天买在有确定性获利概率的时间和位置，次日卖出在上升无望后的早市，及时收获利润。每天重复着这种简单有效的交易动作，积小利成暴利，不是遥不可及的梦想。

交易要越纯粹越好，越简单越好。我不喜欢做股价波动交易，更不喜欢逢低买入。**短线交易的精髓，就是买获利确定性**。当然，这是必须要有个人的技术能力加持的。

对注册制交易规则下的新生事物——科创板，我一开始还是心存犹豫的，不知道怎么样去做对科创板交易，从某些特征看，与已经习惯的主板交易有很大的区别，比如上市后的前五个交易日不设涨跌幅，正常交易后 20% 的涨跌幅限制，委托价不超过 2% 等，都与主板交易规则不同。

最重要的是，科创板个股因为是实施注册制，用老眼光去看上市的新股票一定不屑，微利和亏损上市是大部分个股的特点，股价又高得出奇，个股同样的收益，在主板定价可能只有几块钱，亏损被 ST 甚至退市的个股，放在科创板价格就可以上百元甚至两百元以上。这让习惯于主板传统思维的笔者，面临着革命性的颠覆！

好在笔者是技术极客，不是价值投资者，不会因为吓人的市盈率和吓人的高价，就不考虑它是否应该被关心。

二十几年来我一直研究交易的技术细节，我只是关心注册制交易规则下的科创板个股，有什么确定性的技术共性，可以总结成为交易技巧。因为有之前的技术积累，我在逐步掌握了买卖技巧后，加大参与力度，现在这已是我最主要的盈利来源。

一年多来我参与科创板交易实战，很成功，积累了足够多在注册制交易规则下赚快钱、赚大钱的经验，现在写出来与大家共勉！

目　录

第一章

第二章

第三章

第四章

涨停启动

注册制超短交易盈利法

ZHANGTING QIDONG

ZHUCEZHI JIAOYI CHAODUAN YINGLIFA

第一章

第一节　注册制与主板审核制的区别

　　注册制上市公司与主板上市公司的区别，是很明显的。

　　上市程序上的区别。众所周知，新中国自从有了证券市场以来，上市公司申请上市发行新股、上市交易，实行的是审核制，有些硬性要求是必须要满足的。

　　申请上市的公司，连续三年盈利是首要的条件，如果达不到这个基础条件，连申报的资格都没有。在所有条件都符合要求之后，必须经过证券发审委审核通过。

　　很多上市公司在申报过程中，最后在证券发审委的审核会上未获通过，被否决后就此出局。

　　注册制的改革表现在，欲上市公司在经过当地政府推荐后，由中介机构上报交易所，在确认上报材料的真实性基础上，上会批准上市。

　　以已经实施注册制的科创板为例，与主板审核不同的是，由推荐中介背书即可，由科创板上市委审议通过，即可以安排上市。

　　注册制的过会，放弃了要求申报公司必须连续三年盈利的基本条件，甚至连续亏损的公司也可以上市发行股票。一般初创几年的高科技行业的龙头公司，因为前期投入大和研发投入大，会导致每年的支出远高于收入。

　　以过会的芯片龙头企业寒武纪为例，对于超资金投入的芯片行业来说，成长期企业通常难以盈利。2017—2019 年，寒武纪合计亏损超过 16 亿元，三年研发费用也节节攀升。

以在美国上市的著名互联网企业京东为例,京东十几年来一直亏损,包括在上市后很长的一段时间,直到今年才首次盈利。但是它的股价一直向上攀升,现在已经升至上市的最高价55.62美元,这个股价相当于300多元人民币。为什么?因为注册制!

从某种意义上讲,注册上市制度,就是为急需融资的高科技企业作奉献,帮助它们成长的,美国实施了200年的注册制,就证明了这一点。

以笔者写作当天科创板的上市公司2020年一季报收益为例,在106家上市公司中,有22家是亏损的,占比接近20%。

其他盈利公司动态市盈率在1000倍以上的有7家,最高的映翰通,市盈率甚至达到了6730倍。当天的收盘股价是91.20元,一季报收益是0.003元!

因为发行价格是用每股摊薄市盈率计算的,上市前有正收益的公司会显示。2019年每股收益-2.57元的688266泽璟制药,因为已经连续两年巨亏上市,它的每股摊薄市盈率栏目中,仅有一个"-"号,但是这并不妨碍它的发行高定价:33.76元!上市后的第四天,最高价格达到91.62元!

实施注册制的申请公司,只要公司申报材料真实,没有欺诈行为即可通过上市申请。其他的则是需要由股民自己去判断了。

美国股市自从开设以来,一直实施的是注册制。据统计,美国证券市场从1950年至今,当时上市公司是一万多家,70年过去了,现在还是一万多家。在这70年中,有太多的新公司粉饰上市,也有几乎相同数量的上市公司黯然离场。每一家上市公司的退市,一定是沾满持仓股民的血泪的。

据统计,目前美股中个人投资者的比例仅有11%。某上市公司一旦被浑水公司这种做空机构盯上,股价暴跌是分分钟的事情。

从某种角度上讲,在美股市场出局的上市公司,除了自己申请退市的公司外，都是问题公司，而个人投资者是根本不可能了解到自己购买的个股真实的基本面的，踩雷是难免的事情，而股民的金融资产就在一个个坑中消失殆尽！

当然，在中国这种事情发生的概率极小，但是注册制个股的天价，是你必须要面对的现实，跨不过去心里的这道坎，那阴影的面积足可以让你退避三舍。就我自己而言，如果没有短线能力加持，也未必敢大胆交易、重仓交易。"没有三两三，不敢上梁山！"

第二节　注册制与主板交易规则的区别

注册制与主板上市除了制度上的区别，在交易规则上也做了重大改变。

交易规则区别一： 现在已经实施注册制的科创板，其交易规则与主板是有明显区别的。首先是在上市首日涨跌幅限制上的区别。

主板新股上市首日的涨幅限制是 44%，在以后的交易日是 10% 的涨幅限制，这就成就了 A 股一道独特的风景线，新股上市从第二天开始收一字连板，直至开板为止。

下面以 300831 派瑞股份为例，公司一季报收益 -0.014 元，因为它有芯片题材，结果它在 18 个交易日中，上涨了 22.10 元，涨幅 462.34%，成为罕见的新股中的大牛股。

以图 1-1 为例：

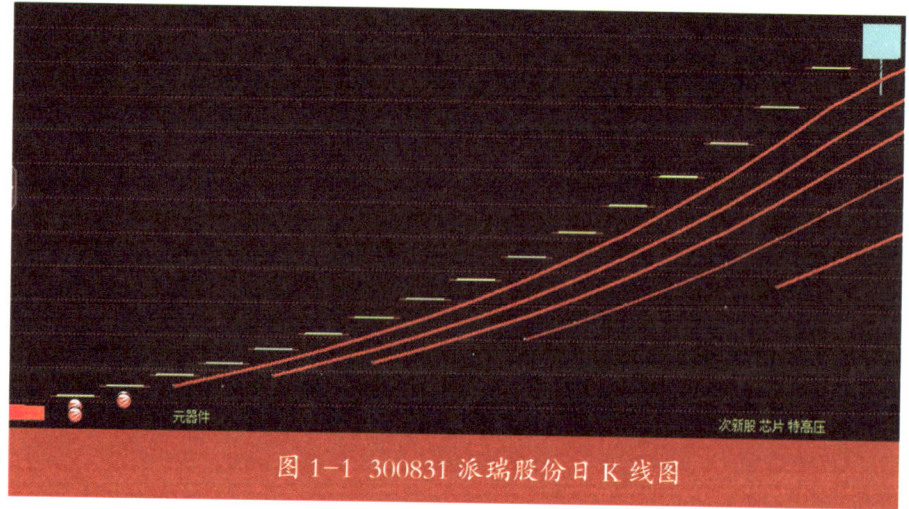

图 1-1　300831 派瑞股份日 K 线图

科创板交易规则是，在新股上市后的前五个交易日，不设涨跌幅限制。因此很多个股当天开盘涨幅就一步到位，很多个股或略有上冲动作，留下上影线后，股价直泻。新股上市当天就出现高开低走走势的个股不在少数。

新股上市的首日，往往会伴随着巨量成交，这与交易者的传统思维有关。主板新股上市是没有高开低走现象的，科创板新股上市，"接盘侠"们的思维很清奇。我从网络上的交流得知，炒新是股民们的最爱，他们会在心里预定一个价格区间，在自己可以接受的价位买入。殊不知科创板的首日交易K线，与主板个股相比，其实是融合了无数根K线，它的位置其实相当于主板上市新股，在拉了无数个一字连板后的最后一根开板K线。

如果你把主板新股的一字连板K线全部去掉，只剩下最后一根开板日的K线，那就是科创板新股的首日K线了。

688368晶丰明源，上市当天最高股价110.93元，发行价56.68元，按主板新股上市首日44%涨幅首板，以后每天10%涨幅计算，也应该有不少个一字板了，所以它上市首日的K线，就是主板股最后一根见顶K线，我认为这种解释是合理的，凡是上市首日就是顶，之后股价下跌不止的个股，都可以归于这个理由。以图1-2为例：

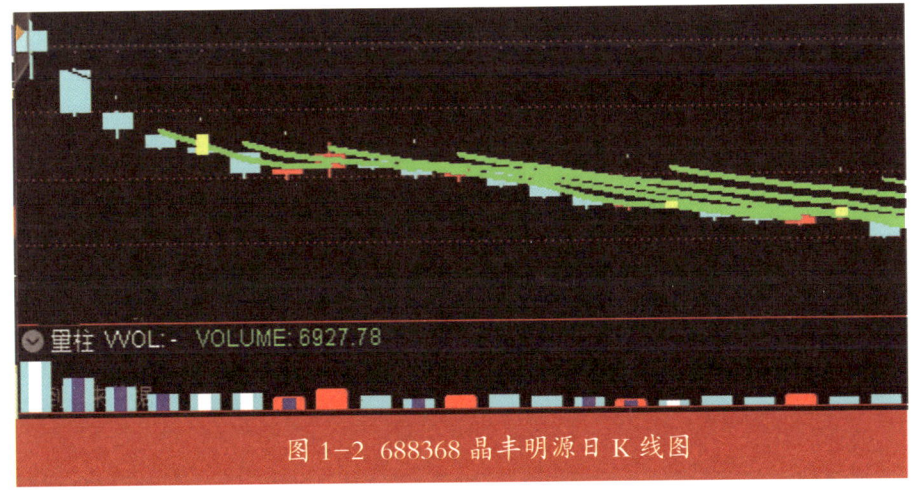

图1-2 688368晶丰明源日K线图

该股上市首日最高价 111.43 元，21 个交易日后，创出最低价 60.43 元，股价几乎腰斩，该股 2020 年一季报收益仅有 0.044 元！真想不通那些第一天就买入的交易者，是用什么标准定价该股的。所以说，很多股民在自己的工作领域很成功，但是一炒股立即智商下降，一直在用钱交"智商税"呢。

688208 道通科技，发行价 24.36 元，上市首日开盘价 80.4 元，成了最高价，下跌 53 个交易日之后，股价仅 33.01 元，腰斩有余。

以图 1-3 为例：

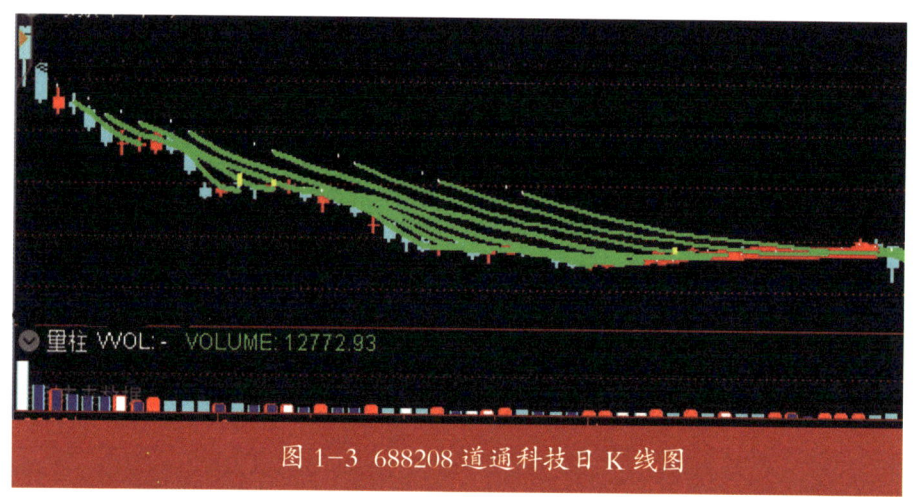

图 1-3 688208 道通科技日 K 线图

交易规则区别二：主板个股的涨幅限制是 10%，正是因为有了这个限制，成就了世界股市唯一的美丽风景线——大牛股连板涨停现象。

早年宁波涨停板敢死队独创打板暴利效应，有榜样示范，之后各种打板战法应运而生，买首板、二板、三板、五板、开板等等，不同的交易技巧，固然成就了一批高手，也让众多的"半桶水""三脚猫"的菜鸟交易者关灯吃面，哭晕在厕所。

更重要的交易规则是**委托价限制。**主板委托价可以在 -20% 位，打涨停价追买，由此造成了股价一分钟直升封板现象，尤其是那些新晋题材股，也是许多追板族最大的坑！

以图 1-4 为例：

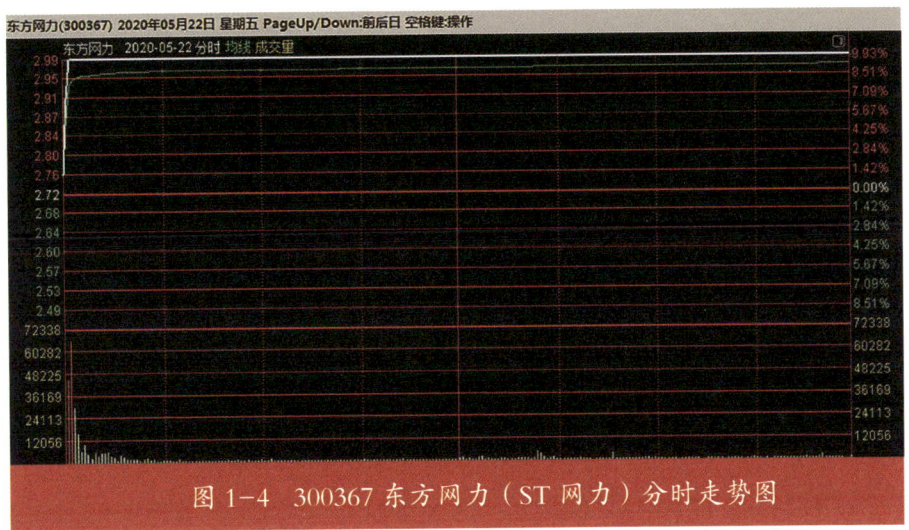

图 1-4　300367 东方网力（ST 网力）分时走势图

已经实施注册制的科创板交易规则是，把委托每笔交易的委托限制在 2% 以下，否则为废单（**正常委托，无委托失败提示，查委托为"已撤"，所以委托后，必须立即查看成交记录，以确认是否已经成交**）。

这种限制的优点是，就算股价上涨 20%，股价的上升也是慢步上行的，不像主板那样一分钟直升封板。

以图 1-5 为例:

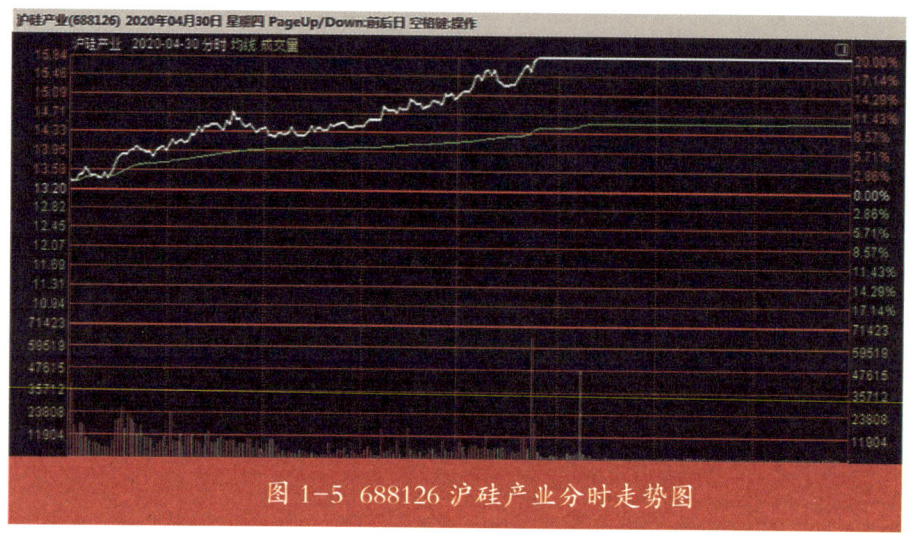

图 1-5 688126 沪硅产业分时走势图

这种走势最大的好处是稳健,股价波动不剧烈,让想买的人买到,想卖的人也不必打太低的价格去践踏出局。分时图上的"冲天炮"直升现象完全杜绝,换手上行是这种交易规则最大的优点。

第三节　了解交易规则是成功交易的前提

因为主板股的交易规则与实施注册制的科创板交易规则有很大的区别，如果你不能完全掌握两者之间不同的交易规则，盘中犯错是一定的。本书上市时，创业板应该已经也实施注册制了，所有的交易者都已经站在了同一起跑线上。

第四节 注册制交易高手的策略和交易技巧

参与注册制交易的投资者，与主板交易者一样，有两种交易战法，左侧交易和右侧交易。

简单的区分是，左侧交易者买在见顶后的下跌途中，下面这只股下跌途中不断出现的小阳线，就是左侧交易者买出来的，而右侧交易者则会买在出底部升势初升大阳线这一天。

以图 1-6 为例：

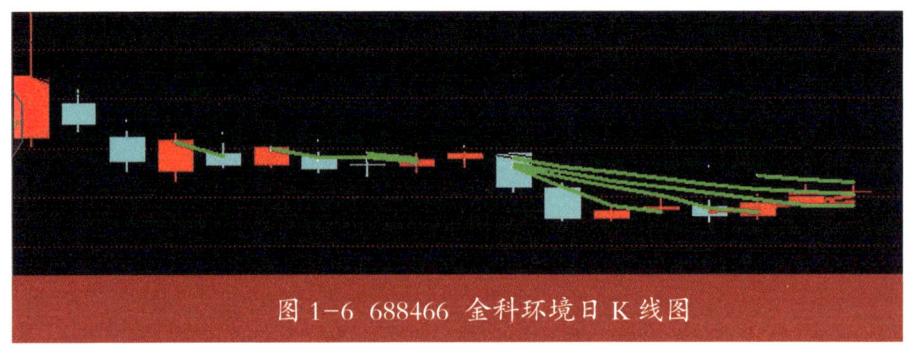

图 1-6 688466 金科环境日 K 线图

左侧交易者信奉逢低买入，越跌越买，相信总有反弹获利的一天。殊不知固然有些个股会下跌多了产生反弹，更有些股就此大跌，让持仓者深套其中。

688009 中国通号，是科创板中的"中石油"，走势如下泻水之东流，持仓者弃之不舍亏而无底。

以图 1-7 为例：

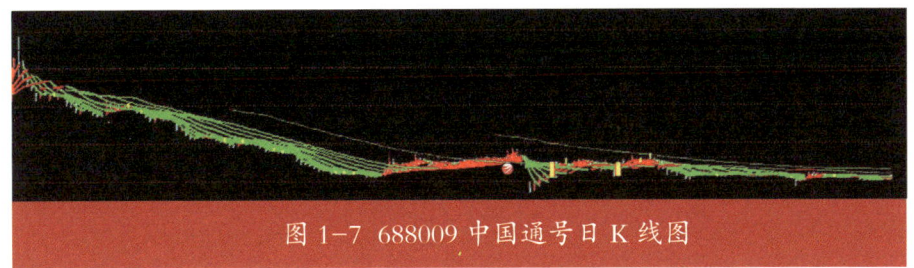

图 1-7 688009 中国通号日 K 线图

真正高手的短线交易策略是，**空仓等待机会！** 不主动买套，亦决不被套，**一击必中获利而退。**

以图 1-8 为例：

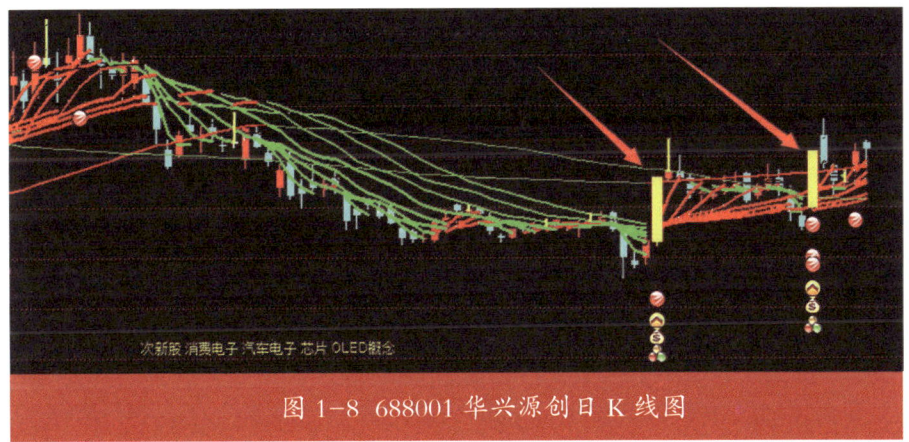

图 1-8 688001 华兴源创日 K 线图

为了显示整个交易过程，下面贴上两波上涨走势的分时走势图买卖点。

买点选择是决定一次交易成败的关键，在日 K 线的技术形态完美前提下，选对买入时间很重要。

以图 1-9 为例:

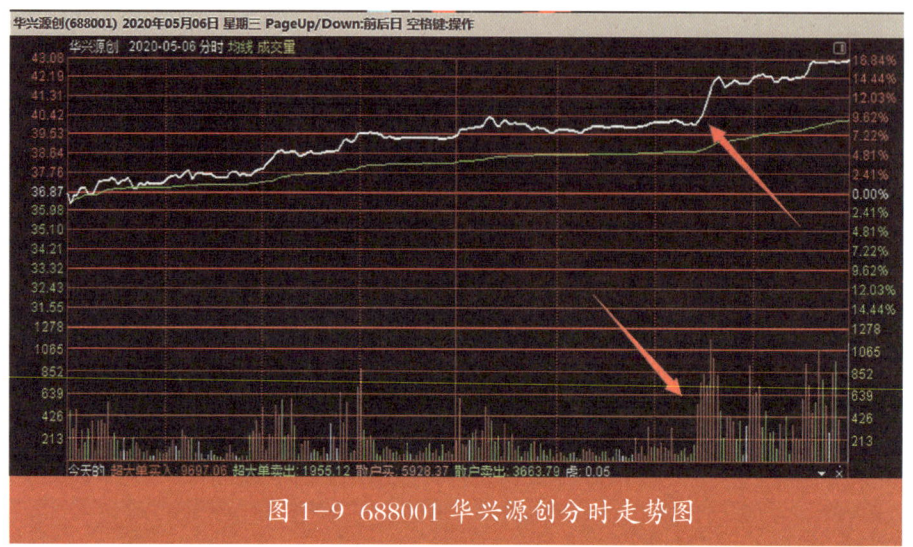

图 1-9　688001 华兴源创分时走势图

卖点的选择决定利润的多少,更重要的是,有太多的交易者被贪婪的人性所累,总想多赚一点,得陇望蜀,结果当天错过最高点后,就干脆不卖了,第二天居然被套牢了。网络上这种悲叹实在太多了。

有太多的交易者做一笔交易,明明是可以获利的,甚至获利很丰厚,最后却变成了亏损,根本就是心中贪欲作祟的原因。

因为注册制交易有 20% 涨幅,所以第二天再封板的概率极小,尤其是早市开盘即上攻的票,见好就收,卖个相对高点也是个不错的选择。

688001 华兴源创 2020 年 5 月 6 日涨幅有 20%,作为持仓者,我在第一波上涨见顶后即卖出,后面那波创新高走势,并不在我的预期之中,所以并不指望有那么好的运气。我之所以用红色箭头指向最高点回落位置,是因为这是一种理想化的卖点,并不要求大家一定要做到。

以图 1-10 为例：

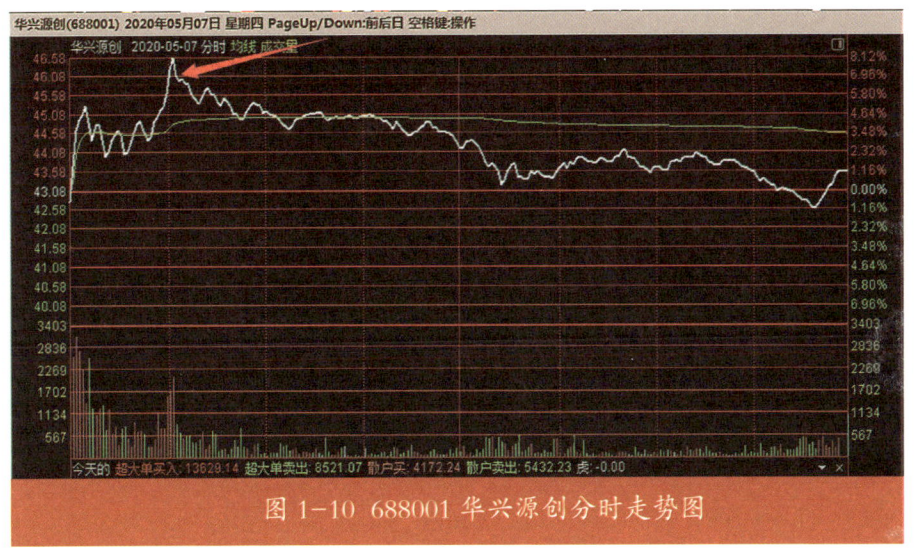

图 1-10 688001 华兴源创分时走势图

688001 华兴源创第一波炒作后股价大幅回落，几乎创出新低，但是 5 月 26 日又出现了一根 20% 涨幅的大阳线。

分时走势的特征是，10：35 创出当日分时新高，但是之后横盘了一个多小时，这就是当天控盘主力的聪明之处。早市封板容易遭到获利盘的狙击，横盘上一个多小时，就可以消化掉封板后的不少卖盘压力。

虽然横盘区域的涨幅在 16% 附近，即便是有小波动，也要远远好于封板被砸！高位横盘波动不会招致空方的合力狙击，封板就有大卖单突现状态。

类似这种早市启动至 10% 涨幅以上，在 15% 附近长时间横盘的个股，要提高警惕加大关注力度，一旦在 14：00 以后出现明显放量动作，这一波得到量能支持的上升，封板的概率极大。

以图 1-11 为例:

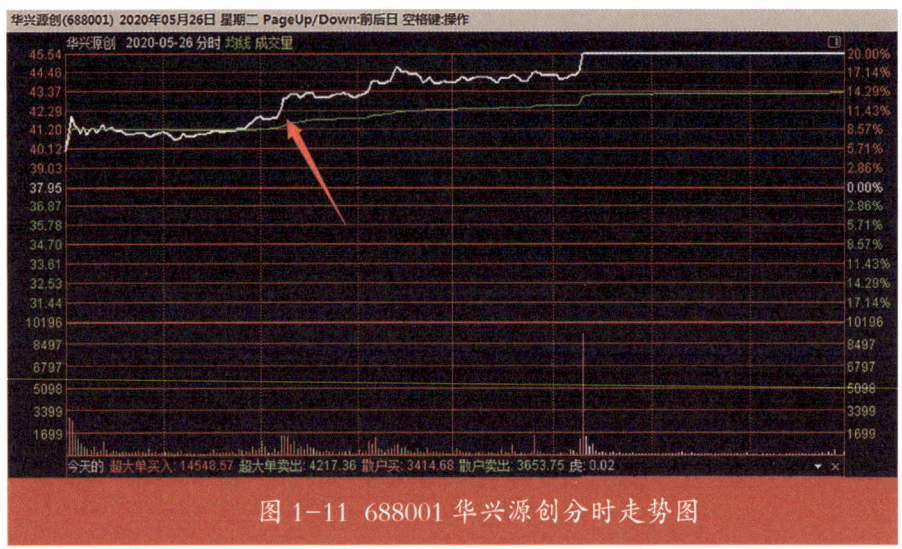

图 1-11　688001 华兴源创分时走势图

因为有了前车之鉴,第二天的跳空高开高走,恰好给早就做好卖出准备的获利者一个出局良机,之后的走势,就是被这些人争先恐后卖出来的。

以图 1-12 为例:

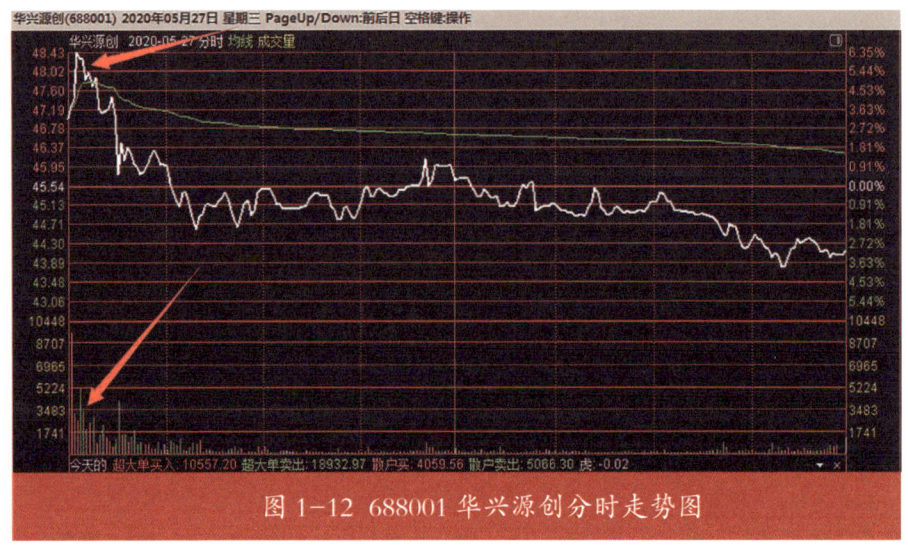

图 1-12　688001 华兴源创分时走势图

一只个股的历史走势，从某种意义上讲，代表着它的股性，因为有一些游资，喜欢反复炒作某一只股，他们会在这只股上一次一次反复地去做它，因为个人操作习惯难改，他们主导行情的个股在走势上总是带着标签，而被有心人辨识。

在主板交易中，那些游资大佬的个人打板风格，早已被有心人熟知，一看分时走势就知道，是谁今天在做这只股。

在科创板，总有那么几只股的股性，已经为人熟知，比如海尔生物。虽然它也是一波一波地被炒出了新高，但是你如果去追买某一根大阳线，一定会是短线亏损的。等你熬不过庄家卖出了，它的新一波升浪又来了，你好了伤疤忘了痛又去追买，就又跳进了一个新的坑。

688003 天准科技，在经过长期下跌后，2020 年 5 月 26 日早市突发封板行情。像这种早市能够封板的股，是很罕见的，究其原因，除了主导行情的主力钱多之外，严重超跌应该是诱因。

以图 1-13 为例：

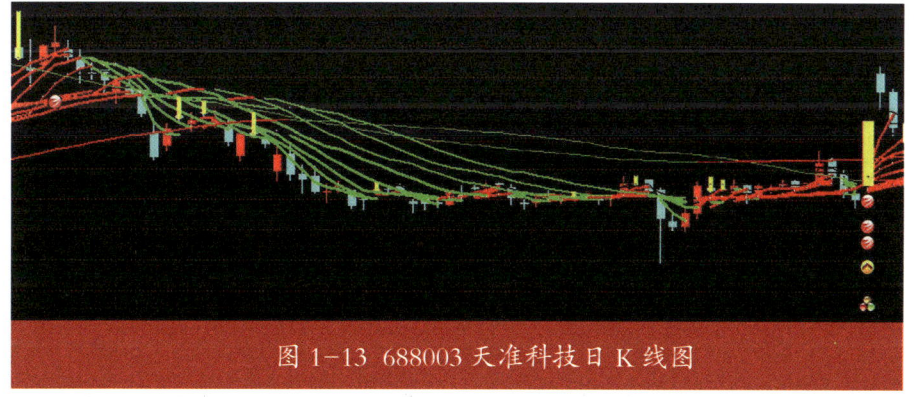

图 1-13 688003 天准科技日 K 线图

下面的贴图是当天的分时走势图。因为当天的封板时间仓促，换手不够充分以至于第二天直接高开低走。

以图 1-14 为例:

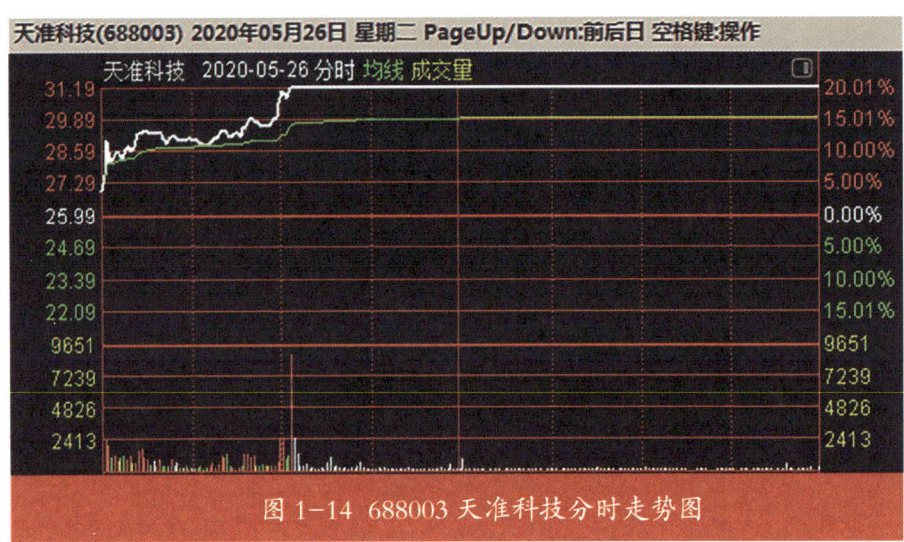

图 1-14 688003 天准科技分时走势图

下面选取的是天准科技 2020 年 5 月 27 日的分时走势。大涨后的次日，如果开盘大幅高开却上攻无力的个股，大概率是当天见顶。逢高卖出肯定是件做得不错的事情。

以图 1-15 为例:

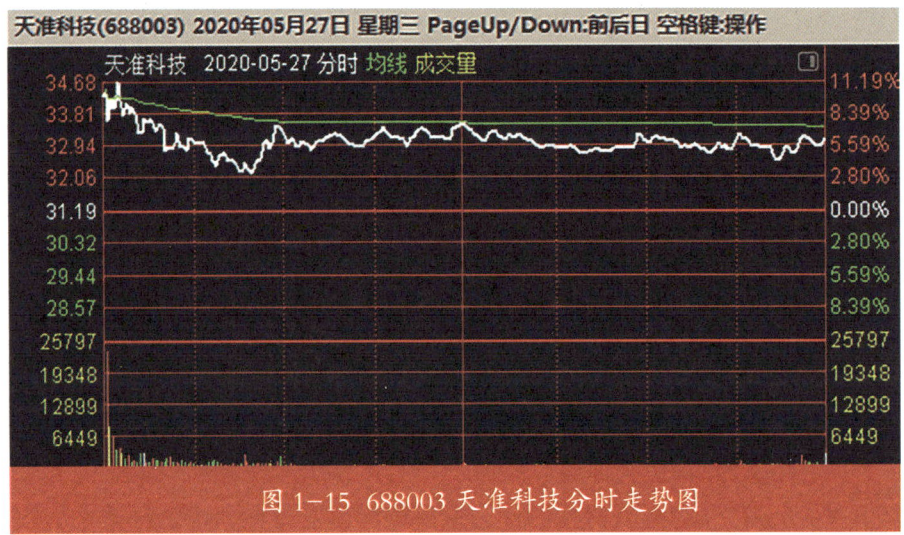

图 1-15 688003 天准科技分时走势图

第二章

第一节   做对新股上市前五天交易的技巧

科创板个股因为实施注册制交易规则，上市之后的五个交易日是不设涨跌幅的，由此出现了不同的走势。研究总结这五个交易日不同的 K 线，是件极有益的事情，因为从某种意义上讲，这五个交易日相当于主板上市新股的一个交易日。

只有这五根 K 线完成以后，才完成了新股上市阶段，从第六个交易日起，才进入了正常交易。因此，前五个交易日的每一根 K 线，都反映着市场多空双方的搏杀！

这五个交易日的重要性在于，这五天的波动，基本上反映了市场对这只股的定位，后市走向也呼之欲出。

学习和掌握注册制新股上市五个交易日组合的走势，对提高自己的技术能力很有好处。本章下面的小节内容就是从两个交易日的组合角度，用技术分析其中的奥秘。

第二节　新股上市首日高开低走的原因

因为实施注册制交易规则的科创板，新股上市当天是没有涨跌幅限制的，因此涨势基本上是一天到位的，本章先举例高开低走型 K 线。

走出高开低走型 K 线的原因众多，主要有下面这些：

市场环境不好。最近板块低迷或者大幅下跌，造成了买家的预期降低，买入意愿大减，因此对开盘价不满意，认为已经一步到位，后市很难再有上升空间。股价一旦低走，必招致中签交易者的卖出兑现利润之意愿产生，毕竟中一签不容易，及时将利润兑现是中签者的一致心理预期。尤其那些发行价高的个股，中签获利丰厚的人尤其有及时兑现利润的冲动。

我中签的 688318 财富趋势，也在上市当天的股价上冲过程中卖出了，从最高点 239.6 元开始见顶，第二天跌到 175 元收盘，两个交易日的振幅达到 36%。

以图 2-1 为例：

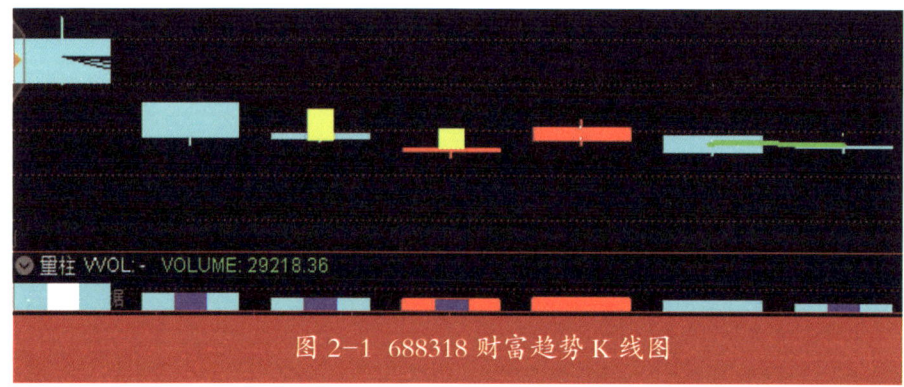

图 2-1　688318 财富趋势 K 线图

怎么让自己中签之后，把股价卖在最高价附近，争取达到利润最大化，是一件很重要的事情。

中签是个人的运气，躺赢的运气，但是能不能在这只自己的中签股上，赚到尽可能多的钱，则是个人技术实力的问题。

在网络和现实的朋友中，我看到有太多的人，他们中签就不卖了，反正是白赚的，这种思维会使他们一路持有。很不幸的是，绝大部分个股上市后，都走的是漫漫下跌路，能够一路上行的牛股很少，至少也会先跌上一波，有些被机构相中的个股，会在后市创新高，更多的个股是一路跌下去的。

上市首日买个股，无论你是逢低还是追高买，都应该是必须深思熟虑的事情。因为买了能获利是炒股追求的目的。任何一只上市新股，在它的招股书中，概念都是用华丽辞藻堆积出来的。更何况股价是机构和游资们合力用钱推送上去的，没有人来炒作，拥有再好的概念都没用。

不可否认的是，概念推升股价，在科创板是最严重的。严峻的现实是，科创板个股在市场同板块个股中，股价一定是最高的，动态市盈率一定是最高的，甚至因为亏损，都没有市盈率指标内容可以参考。

炒注册制股，是在博企业的未来。在你参与注册制个股交易之前，在思想上必须要先有个彻底改变之前的习惯思维的过程！不先解决这个问题，你是没有胆量去买个股的。

用某些特定指标去选股，是任何一个交易者在买股之前，一定会去做的功课。问题是，注册制个股的各项指标，都是与传统交易者之前已经形成的固定思维相背离的。

尤其是对价值投资者而言，注册制个股的现状，是根本不可能入其法眼的。以 688266 泽璟制药为例。该公司是一家研发创新药的企业。

众所周知，研发新药的前期投入巨大，从动物试验到人体试验，都是耗资巨大的，尤其是在未确定疗效的测试阶段，要确定动物试验疗效，获得相关许可，进入人体试验，有一试、二试、三试，每一个试验项目，都要付出昂贵的时间成本和大量资金。据国外统计，一只重磅新研药的开发总成本，在 10 亿美元以上！因此，688266 泽璟制药上市之前的几年中，因为研发投入巨大，而产品未出导致年年亏损。

有太多的新研药在获得上市前会失败，而之前的巨额投入会付之东流，只剩下一地鸡毛！当然，风险与利润是成正比的，在研发上高额的付出如果一旦获得成功，那专利丰厚的回报，也是非常惊人的。

这一类的上市企业，现在的数量不少，今后将有更多，因为国家的政策是向高科技企业倾斜的，科技是未来！

作为交易者，我们的目的很单纯，我们不与企业共存亡！作为短线交易者，我们只参与个股股价上涨中的一段行情，只赚取自己有确定性的一段行情的利润。

注册制新股上市第一天，是没有涨跌幅限制的，股价开盘即一步到位的现象很严重，中签新股的交易者，一定要有及时止盈、及时收获利润的想法和掌握卖在相对高点的交易技巧。

为了证明我的观点，我用具体股例来进行演示。

688228 开普云，发行价 59.26 元，上市当天最高冲至 105 元，之后就一路下行，在第 8 个交易日，曾经有过一个"反弹一日游"，第二天即被下降趋势带偏，股价重心不断下移，跌势不止。上市第一天追买的交易者，悉数被套。

很奇怪的现象是，任何一只上市新股，在第一个交易日，都会巨量换手，有众多的参与者买入，接下中签者卖出的筹码。从某种意义上讲，那些被套在山顶上的筹码，会在之后股价的下行过程中，割肉出局，当然早先买入的交易者的资金，就会因为割肉少了一大块。

可悲的是，亏损者是没有记忆的，他们会从一个坑里血淋淋地刚爬出来，又去跳进新的坑里，否则怎么解释新股上市当天，无论涨跌，都存在的高换手现象。

正是因为有了大量的股市"接盘侠"存在，所以交易才活跃，他们用自己的钱，让高手暴富。

以图 2-2 为例：

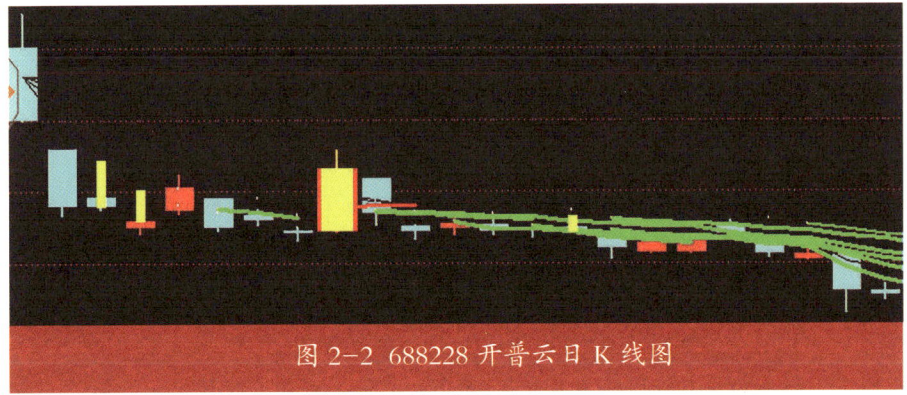

图 2-2　688228 开普云日 K 线图

688189 南新制药，发行价 34.94 元，上市首日 69 元的开盘价，几乎成为最高价，之后的交易日股价一路下行，套在第一天山顶上的买入者，不知解套在何时！以图 2-3 为例：

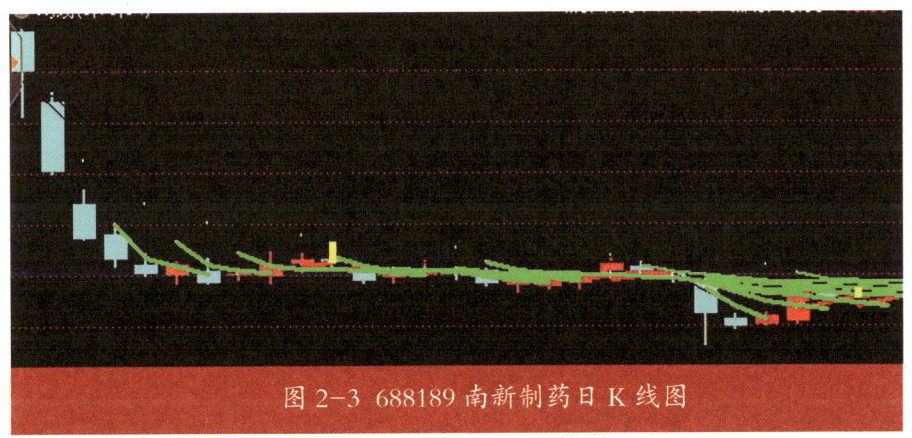

图 2-3　688189 南新制药日 K 线图

第三节　上市次日阳包阴的交易技巧

有些上市首日高开收阴个股，第二天甚至会出现阳包阴的大涨现象。

究其成因，我认为被套主力钱多，是最重要的原因。主力钱多，当然可以制造出一根大阳线，来解放自己被套的筹码。

688566 吉贝尔，就是这么一只上市首日买入被套，主力开展自救，成功出逃的典范个股。如果真的是主力欲做行情，就不会有后市 4 根串阴现象。

以图 2-4 为例：

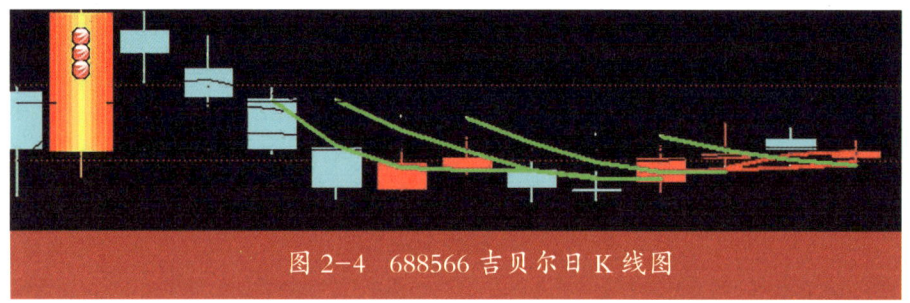

图 2-4　688566 吉贝尔日 K 线图

688566 吉贝尔阳包阴的这根 K 线很大，但是除了那些低位买入者，当天买在高位盼望第二天能有更高价出现的交易者，第二天的走势一定让他们失望，盼望奇迹出现者、持仓不卖者更可悲。

选对买入时间，买在股价升势初起的最佳位置很重要。以下面我的买点为例，开盘即放巨量，是引起我注意的重要因素，我选择买在价格已经包去昨日阴线，分时走势创新高位，已经立足于不败之地的股票。

以图 2-5 为例:

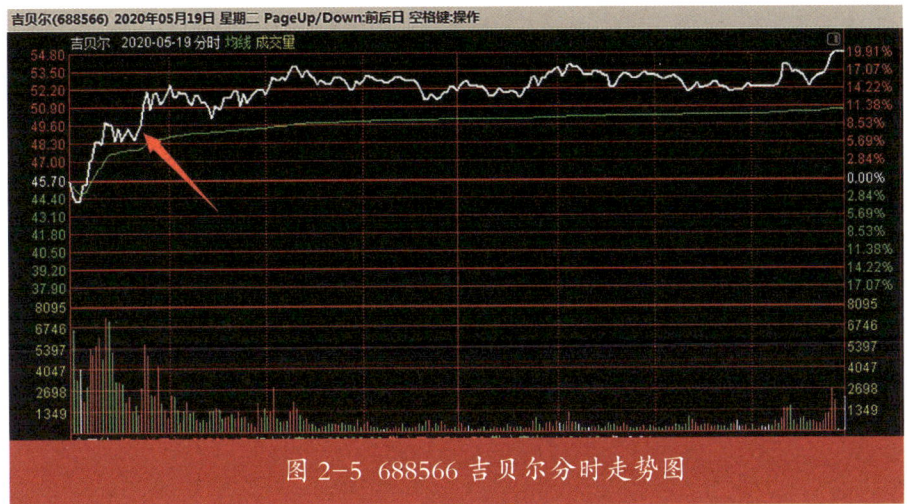

图 2-5　688566 吉贝尔分时走势图

　　688288 鸿泉物联，上市第二天主力的操作套路，和 688566 吉贝尔高相似度。

　　以图 2-6 为例:

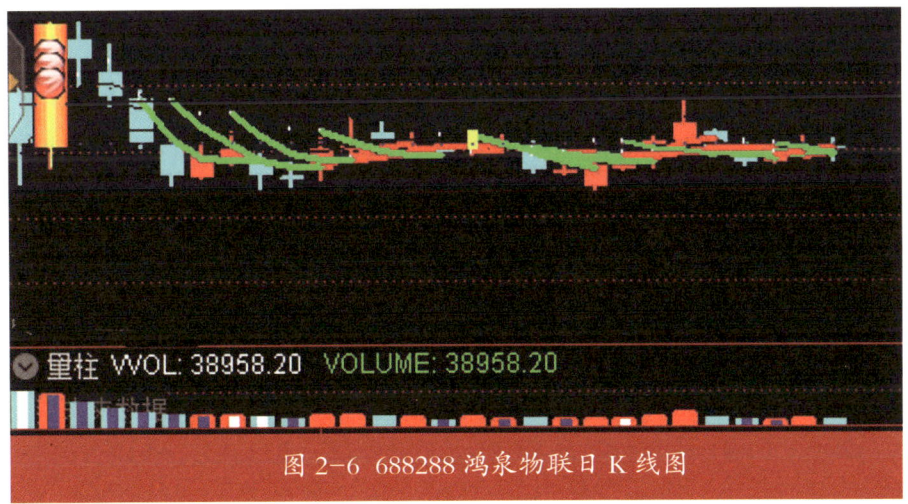

图 2-6　688288 鸿泉物联日 K 线图

图 2-7 是阳包阴当天的分时走势图，两个红色箭头所指位是关注重点。

走势图中的放量创新高时的价位，已经包容了昨日阴线，因为注册制的交易规则是，上市后的五个交易日，无涨跌幅限制，该股买点上涨 7.81%，收盘上涨 42.57%，可以一天获利 30% 以上！这就是注册制的暴利！

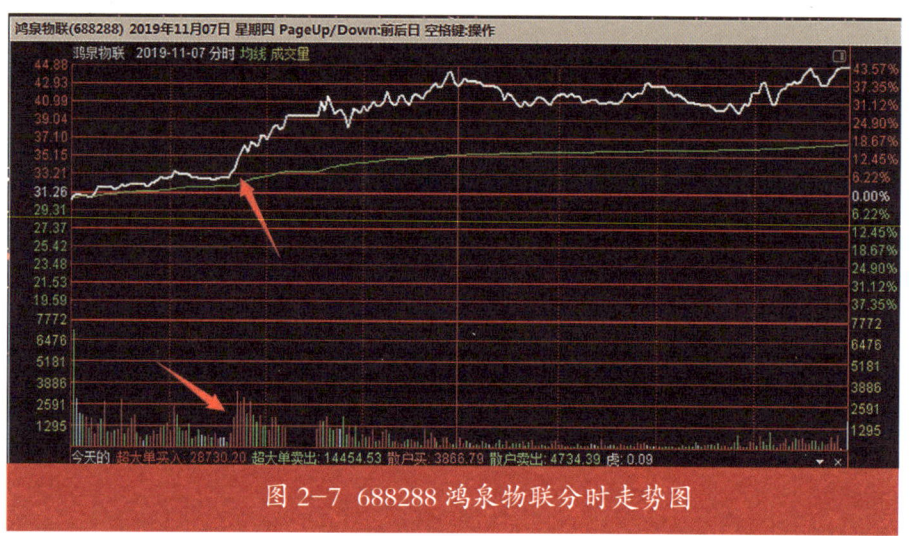

图 2-7　688288 鸿泉物联分时走势图

688026 洁特生物，上市后的第一、第二个交易日，罕见地收出了一个搓揉线组合，第一天是上影阴十字星，第二天是标准阳十字星，两个交易日振幅极小，股价波动只在极小区间。这种走势我认为是很罕见的，说明该股上市后的股价定价准确，市场一致认可了这个价格。

因为搓揉线组合的技术含义是洗盘，果然第三天股价高开且高走，收出一根涨幅达到 108.5% 的光头大阳线，一天就有了相当于主板接近九个板的上升空间。

科创板个股上市后的五个交易日无涨跌幅限制，理论上涨幅可以无穷大，不过一天超过 100% 的涨幅也够可观的了，这就是注册制交易规则的魅力所在。

以图 2-8 为例：

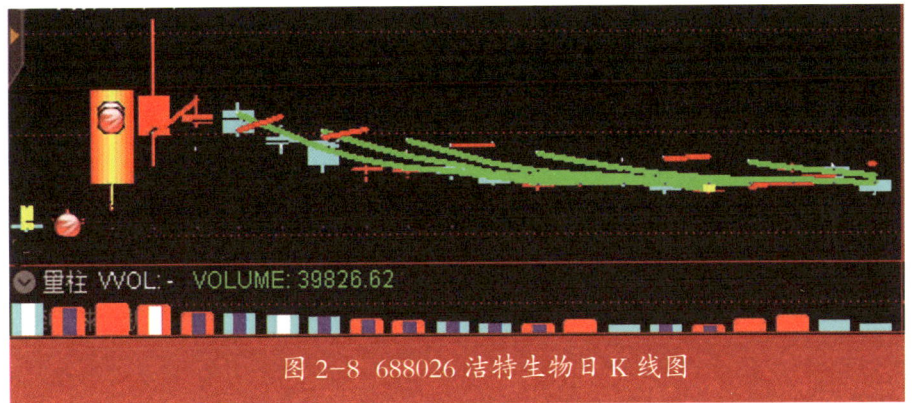

图 2-8　688026 洁特生物日 K 线图

超大阳线出现后的次日，会出现剧震洗盘动作，是一种共性，因为前一个交易日低位买入的人获利太丰厚了，迫切将利润落袋的心情世人皆有，很难说卖点的对错，安心就好。

事实上这一天低开跳水时最低下跌 33.49%，但是主力不甘心高利润流失而奋力拉升股价，13: 19 最高涨幅冲至 28.65%，之后快速跳水，收盘抹去当天所有的涨幅。对主力来讲，在高位出尽筹码是最重要的，为了出货，他们不择手段，他们会采用对倒、小买大卖的策略，竭尽所能。

以图 2-9 为例：

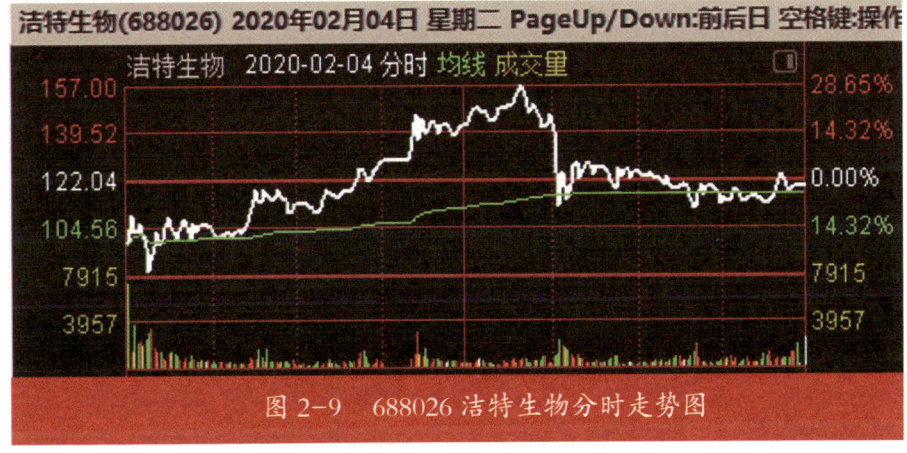

图 2-9　688026 洁特生物分时走势图

在该股股价回升和 10∶50 创出当天新高的过程中，奋力冲进去接筹的人，是真正的"接盘大侠"，他们还真指望股价上天呢！

当天高位买入的人立即巨亏，而且之后股价一路下行，18 个交易日后股价从最高的 157 元下跌至 69 元，股价腰斩有余。

688139 海尔生物，上市当天收一根阳十字星，第二天高开高走爆发超大阳线，该股当天最高涨幅 40.14%，之后股价有所回落。但是第三天略有冲高后逐波下行，收盘大跌 10.69%，上市第五天创出上市新低。

其实在新股上市的前五个交易日收超大阳线的个股，都是主力利用了注册制交易规则中，新股上市前五个交易日不设涨跌幅限制，利用自己的资金实力短炒一把而已。而且如果主力实力够强、操盘水平足够高，做得好的话，一天抵得上五六个正常交易日的收益。

但是这种股很难跟风，因为谁都不知道主导行情的主力资金是不是足够撑到收盘，如果高位脚软，那就不妙了，所以在无涨幅限制的交易日，买入一定要早，低位收益高风险小，如果追入价太高，还真不是一件值得做的事情，有得不偿失的风险。

以图 2-10 为例：

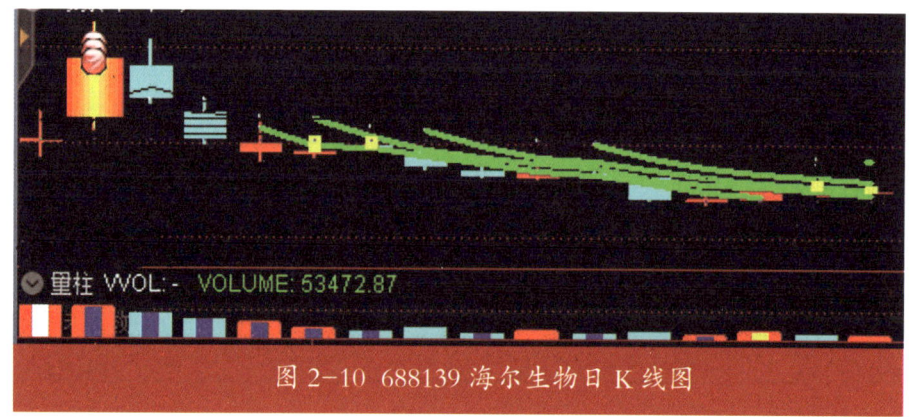

图 2-10　688139 海尔生物日 K 线图

从 2-10 中可以看到的是，股价在经过上市三天炒作之后，一路下行。我不否认，大部分个股会有咸鱼翻身的那一天，但是套在山顶的滋味是很难受的。

第四节　新股上市首日长上影阴线的交易技巧

个股买在上影线，是件很令人沮丧的事情，尤其是注册制个股，因为上市当天没有涨跌幅限制，买在山顶是件很可怕的事情。

688186 广大特材，上市首日股价高开高走，最大涨幅 334％！之后股价冲高回落，留下恐怖长上影线，次日开始主力自救，割肉出逃，之后股价一路下行。

以图 2-11 为例：

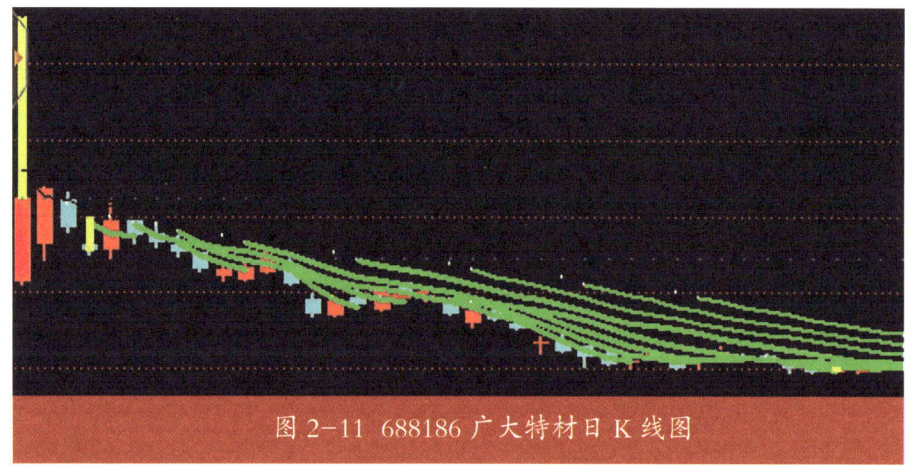

图 2-11　688186 广大特材日 K 线图

688398 赛特新材，上市首日的走势，与 688186 广大特材完全一致，之后的走势也似复制粘贴。

以图 2-12 为例：

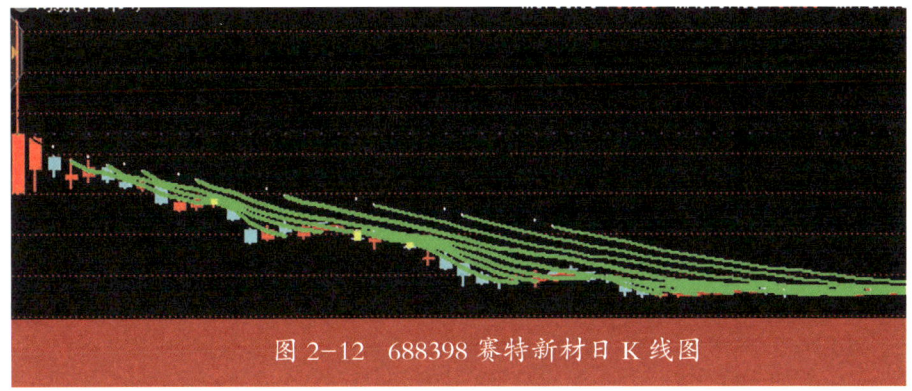

图 2-12　688398 赛特新材日 K 线图

688466 金科环境，上市当天留下长上影线后，一路下行不止，把所有
参与者都套在了里面。

以图 2-13 为例：

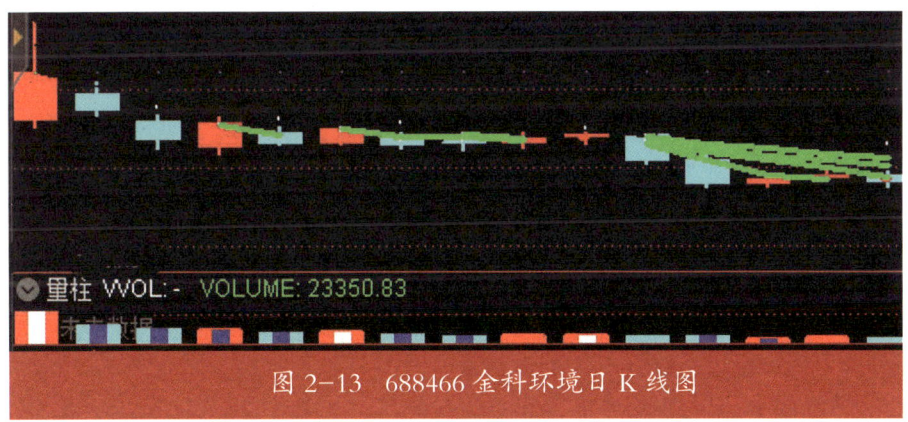

图 2-13　688466 金科环境日 K 线图

以上三只科创板个股上市首日的走势，很典型很暴力，有类似走势的个
股还有许多，只不过上影线没有那么夸张而已。

凡是上市首日出现相对长上影线的个股，必须引起足够的警惕，没有人
不犯错误，只是聪明人会尽快为犯错买单，止损在损失最小的时间段。

第五节　新股上市首日长上影阴线的应对策略

　　某些个股会在上市首日，出现非常极端的走势。688168 安博通，在上市的第一天收出了一根长上影阴线，之后一路下跌，上市首日创出的高点是 210 元，当年最低价时达到 82.9 元。

　　一般在上市首日收上影光脚阴线的个股，后市走势一般表现都不太好，中签者应该逢高卖出收获利润，欲买入者必须谨慎思考，以不参与为上策。

　　以图 2-14 为例：

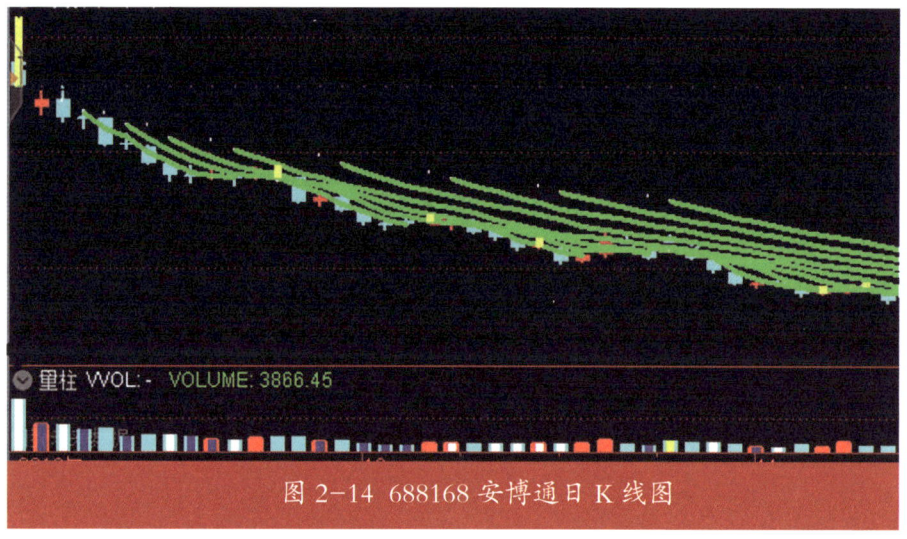

图 2-14　688168 安博通日 K 线图

　　出现长上影阴线的个股，分时走势都是开盘后股价有一个大幅上升的过程，不幸的是，涨幅过高的升势，招致了中签交易者的合力卖出，主力又接不住卖出筹码，在分时走势上形成尖峰后，原先没有卖出计划的人，也加入到了卖出的队伍中。在空方合力下，多方毫无还手之力，导致股价一直下跌至收盘。

这种形成上涨单峰后，立即转为单边下跌至收盘的走势，对中签的交易者来讲，是必须引起充分警觉的，这种走势的出现，说明股价是被高估的，因为高估，引发了崩盘似的卖盘，而且这种走势很可能会延续到之后交易日。如果你不能够果断出局，那中签带来的暴利会损失殆尽，市场中那些破发股的存在，就提示了这种风险。

第六节　新股上市首日光头阳线股的交易技巧

注册制的交易规则规定，上市后前五个交易日不设涨跌幅限制，但是仍然有收阳线股的出现，甚至阳线颇巨。

毫无疑问，上市首日走出这种走势的个股，就像主板连续一字板个股，好像在说明升势未尽，尤其是尾盘仍有大量买盘涌入的个股，参与者往往预期次日有冲高过程。

但是，很多个股第二天的走势是不尽如人意的，其主要原因是，主板新股上市都是一字连板走势，几乎所有想买入获利的交易者，只有徒流口水的份。而注册制交易规则下的新股上市首日，任何一个想买的人，都可以买到，区别只是每个人买入价格的高低不同而已，买在高位的人，只是性格犹豫，久久下不了买入决心，当他咬牙买入时，价格已经高了。

688098 申联生物，上市首日的开盘涨幅是 196%，最高涨幅 318%，收于最高价。

以图 2-15 为例:

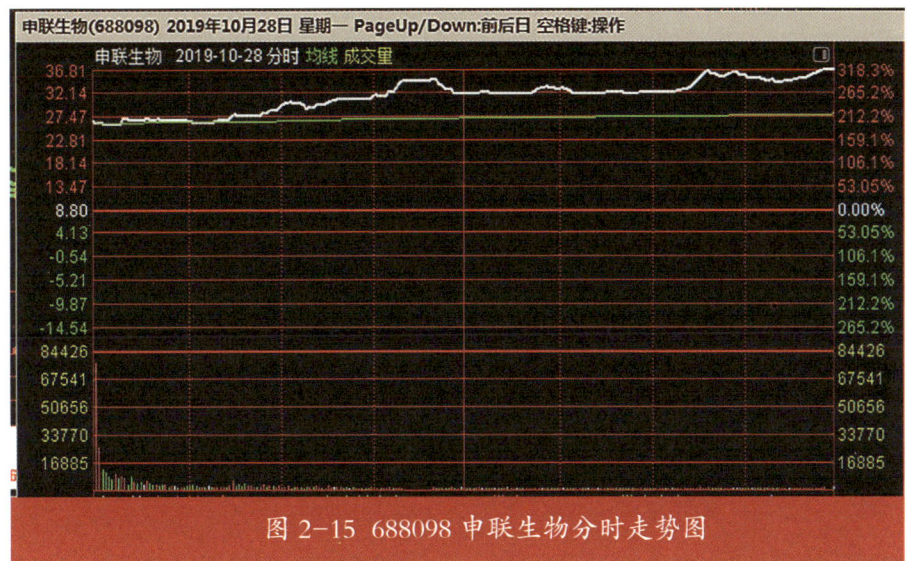

图 2-15 688098 申联生物分时走势图

这种收于最高价，涨幅巨大的个股，当天的 K 线是很完美的，但是这种完美的大阳 K 线，未必就一定能够给你带来丰厚的利润，毕竟当天所有的买入者都是获利的，尤其是那些低位买入者的利润还非常丰厚。

因为大家都有急于兑现利润的冲动，所以在走势上一定会出现践踏，于是该股次日低开低走，一路下行收于最低点。

以图 2-16 为例:

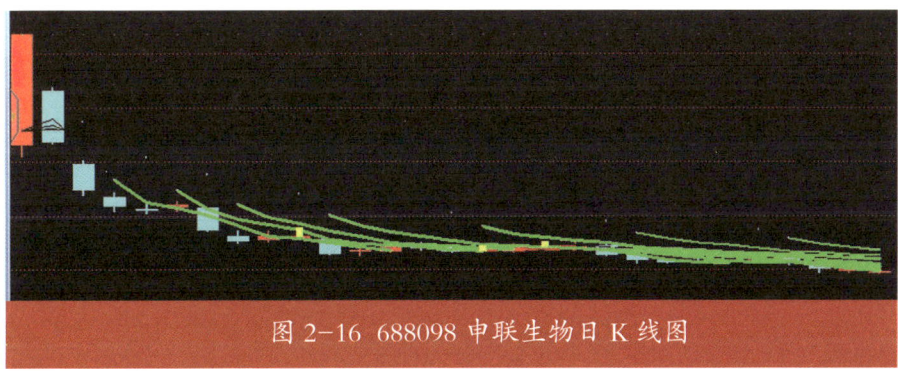

图 2-16 688098 申联生物日 K 线图

注册制交易规则下的新股，上市首日收光头大阳线，涨幅巨大，其实就是主板一字连板，只是时间不同而已。如不幸遇到次日低开低走，要尽快止损出局，这样才能保住利润和截断亏损。

688360 德马科技，在笔者写作时上市仅有四个交易日。该股在上市首日收了一个光头阳线，因为这根阳线不像申联生物的涨幅那么夸张，所以第二天追涨的人，有而且不少。

因为上市首日的光头阳线的实体并不是太大，所以导致第二天股价高开，但是震荡两小时后股价最终还是选择了下行，当天报收高开阴线。

以图 2-17 为例：

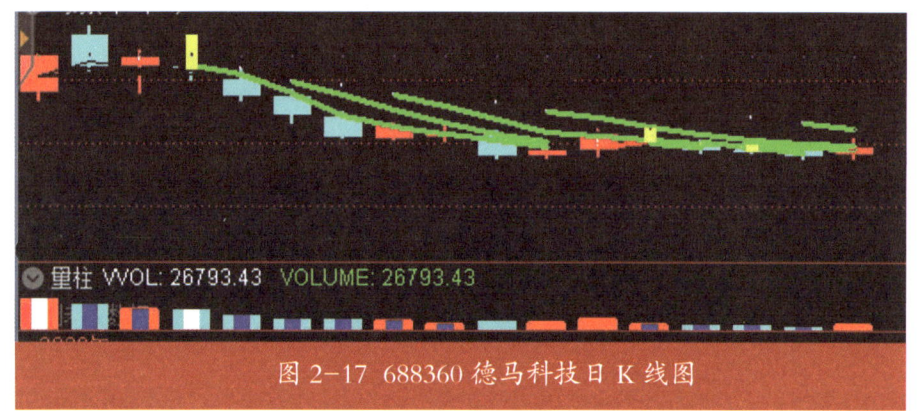

图 2-17 688360 德马科技日 K 线图

我之前就讲过，因为注册制的新股上市首日交易规则与主板的交易规则完全不同，而科创板新股上市当天，是无涨幅限制的，当天的涨幅你可以代入为主板几个一字连板，如果涨幅尚可，还有上升空间，第二天就会去博一把。可惜这些人不了解，主板有连板可期，而第二天科创板新股仍然是无涨跌幅限制的，冲高回落是一定的，区别只是什么时间见顶，见顶后会怎么跌而已。

请看 688360 德马科技 2020 年 6 月 3 日的分时走势图，该股的见顶过程还算是"温柔"的，在分时走势上做了个三重顶才回落，也正是这三次上攻，吸引了众多的追涨者。

以图 2-18 为例：

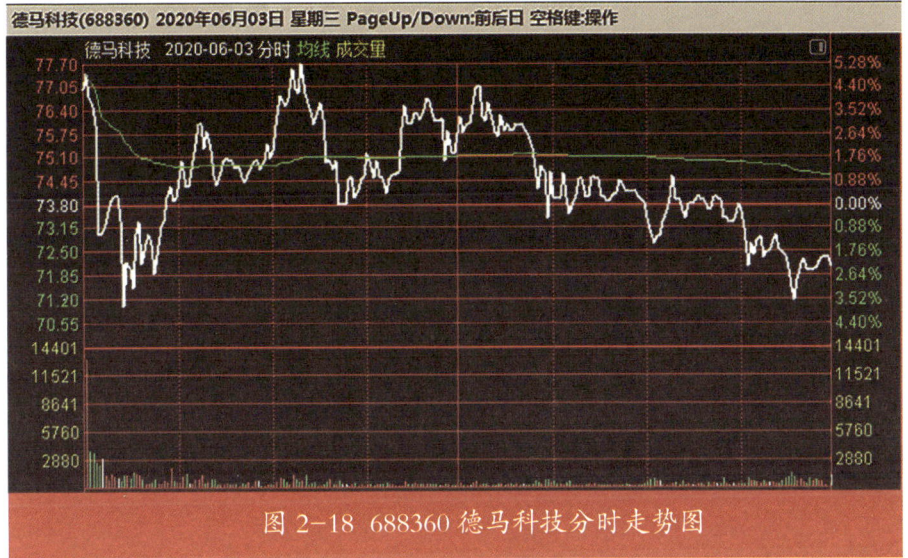

图 2-18 688360 德马科技分时走势图

第七节 新股首日上影阳线的研判与交易

有的注册制新股，因为题材和上市首日的定位合适，给后市的炒作留下了上升空间，K线又收的是上影阳线，实体却不大，后市的表现还是不错的。

688365 光云科技，发行价 10.8 元，上市首日开盘价 28.99 元，最高价 44.44 元，收盘 38.03 元，换手率 78.89%。当天最值得关注的有两点，低发行价和收盘价不高，换手率奇大，可能是因为在上影线区域，该卖的中签者都已经出局的缘故，之后在股价上行过程中，成交量反而是越涨换手率越小。

走出这种罕见走势的个股，说明该股上市首日的筹码，已经被有心在后市做行情的大资金建仓收集，在这种个股上做波段操作，是个不错的选择。

以图 2-19 为例：

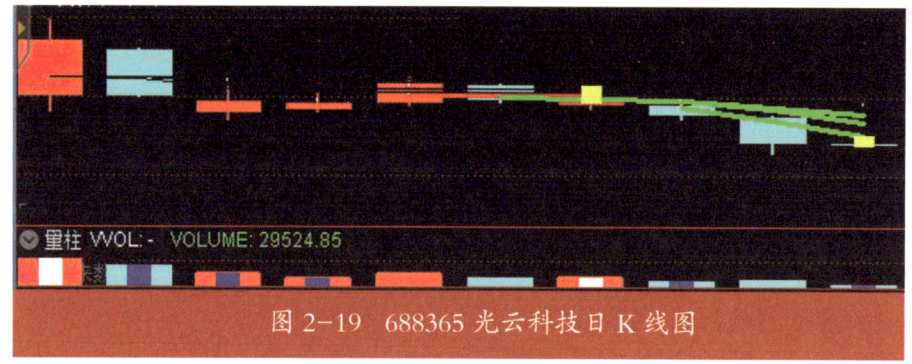

图 2-19 688365 光云科技日 K 线图

688516 奥特维，在上市首日也收了一根小上影 K 线。上市首日出现这种 K 线，其内含的逻辑很简单，在上影位置不坚定的中签者出局了，该股当天换手率 78.48%。

以图 2-20 为例:

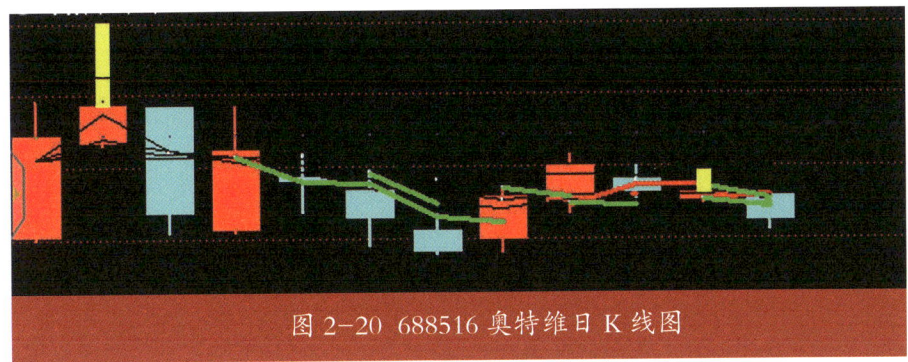

图 2-20 688516 奥特维日 K 线图

在新股上市次日，该股有过一波很猛烈的上升行情，把一帮追高人死死套在山顶上。说实话，作为交易者，不懂交易技巧，盲目追高，后果真的很严重。

以图 2-21 为例:

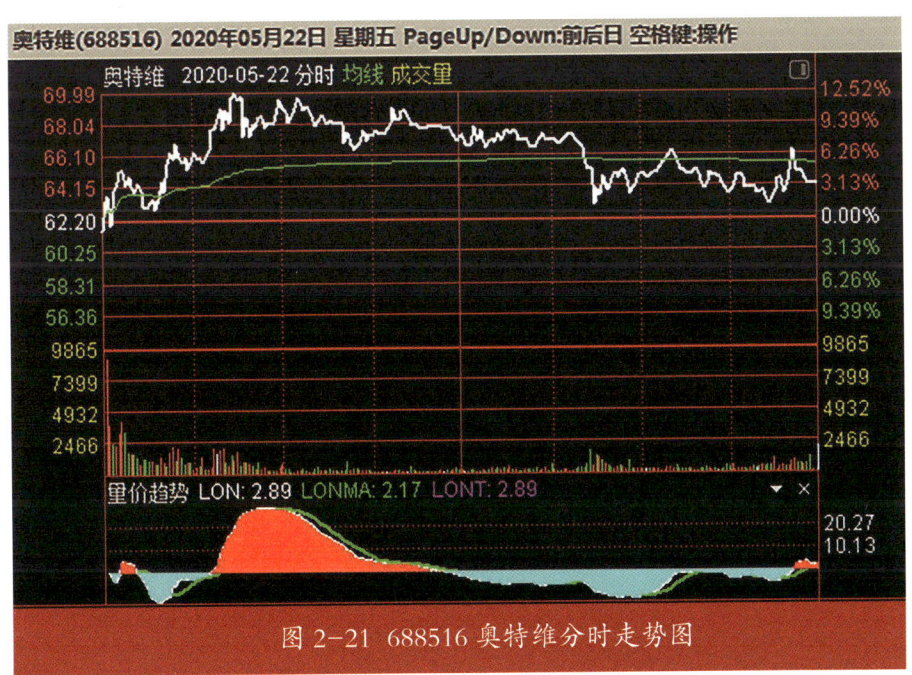

图 2-21 688516 奥特维分时走势图

在当天分时走势图上，该股冲高至 12.52% 后回落，收长上影线，第二天大跌 11.85%，受伤害最严重的两个交易者巨亏将近 20%。

凡是走出这种走势的个股，创新高是一件很难的事情，因为上面有太多的套牢筹码在苦盼解放呢。

以图 2-22 为例：

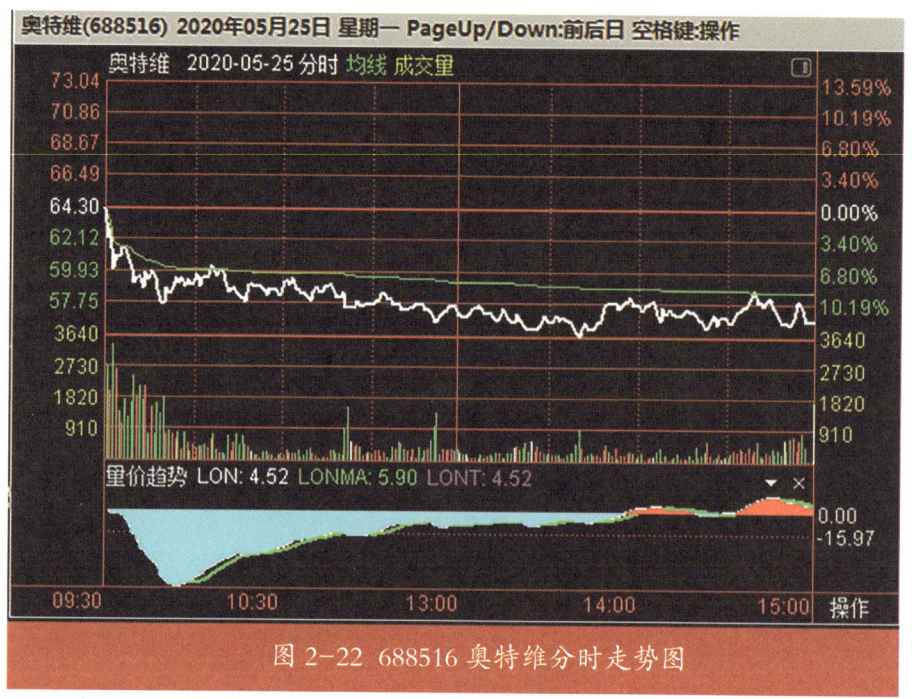

图 2-22　688516 奥特维分时走势图

如果是个理智的交易者，会抓住后市出现的出局机会的。该股第三天还有一个反抽过程，这是主力自救行情，这个日内反弹，让被套主力有了一个割肉出逃的机会，把筹码卖给了菜鸟"接盘侠"们。之后三天的下跌走势，充分证明了这根 K 线的主力自救性质。

从分时走势看，当天的交易过程是健康的，但是如果把四个交易日的日 K 线组合在一起看，问题就很大了。

以图 2-23 为例：

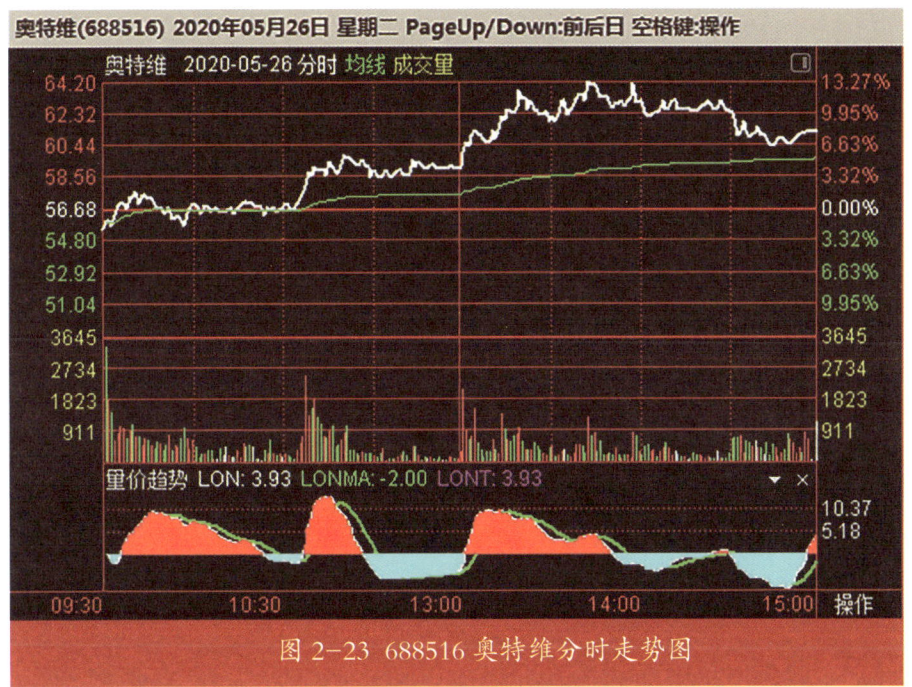

图 2-23 688516 奥特维分时走势图

很多交易者所掌握的证券知识很少，尤其是一些必要的知识，例如 K 线、均线、分时买卖点、技术指标等。

一个没有知识储备的技术菜鸟，在这个吃钱的市场中，一定是输家！

第八节　新股上市两天阴包阳组合交易技巧

因为注册制交易规则与主板不同，前五个交易日是没有涨跌幅限制的，而从已经上市的个股走势看，对上市两天 K 线组合形态研判的对错很关键！本节的内容，就从这个组合进行深度解读。

688089 嘉必优，上市当天收出一根有上下影线的阳线，上影线略长于下影线。又是一只炒新主力被套的个股。

以图 2-24 为例：

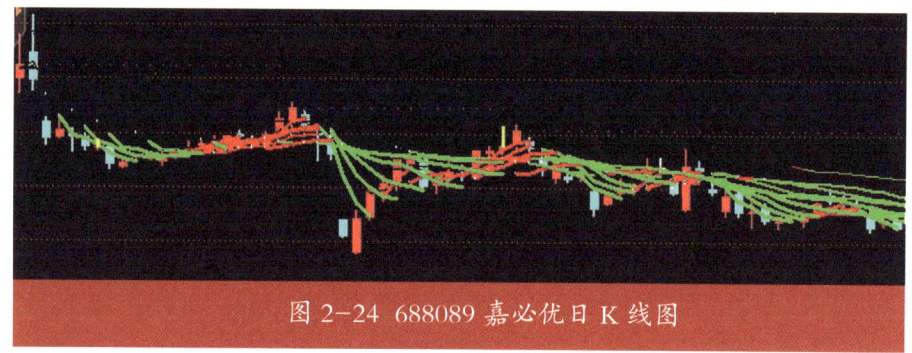

图 2-24　688089 嘉必优日 K 线图

第二天股价上冲的过程，其实就是被套主力自救的过程。而且这个过程很老套，早市高开高走后突然下杀，最高上涨 8.30%，之后在上涨 4% 区域换手，正好在前一天最高价附近，倒空存货后的 11：05 后突然跳水，之后股价一路下行，收盘下跌 3.29%。又是一批可怜的"接盘侠"被套在了山峰上。

以图 2-25 为例：

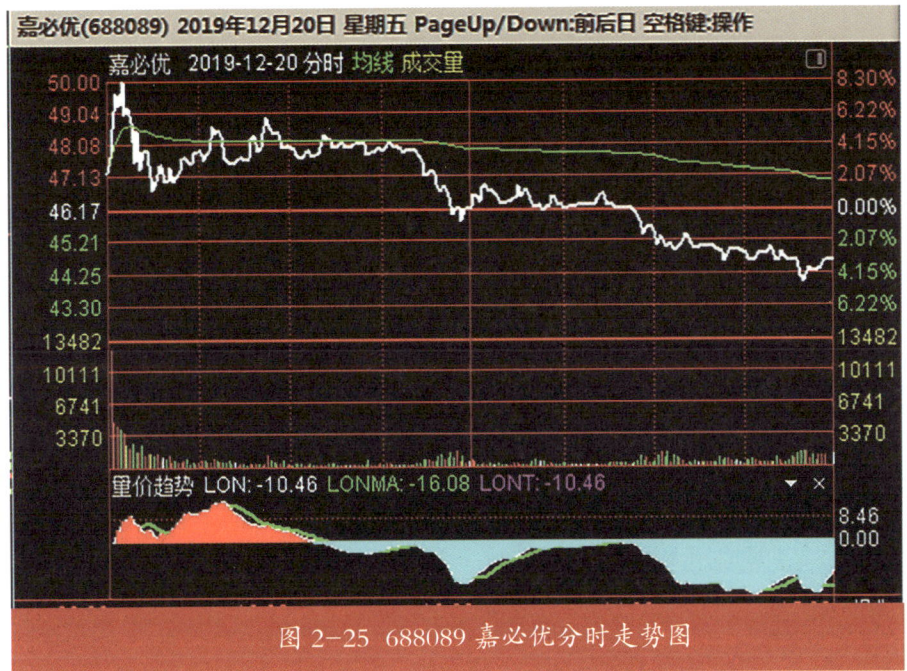

图 2-25　688089 嘉必优分时走势图

688222 成都先导，也是一只上市当天收上下影阳线的个股，上下影线长度相似，但是第二天却收了一根长阴线，几乎光头光脚。

以图 2-26 为例：

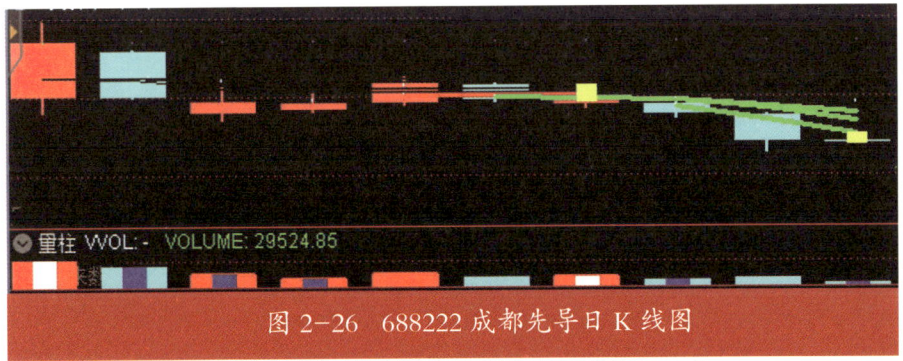

图 2-26　688222 成都先导日 K 线图

第二天该股低开低走，一路下行，股价收于最低点，下跌 15.04%！

以图 2-27 为例：

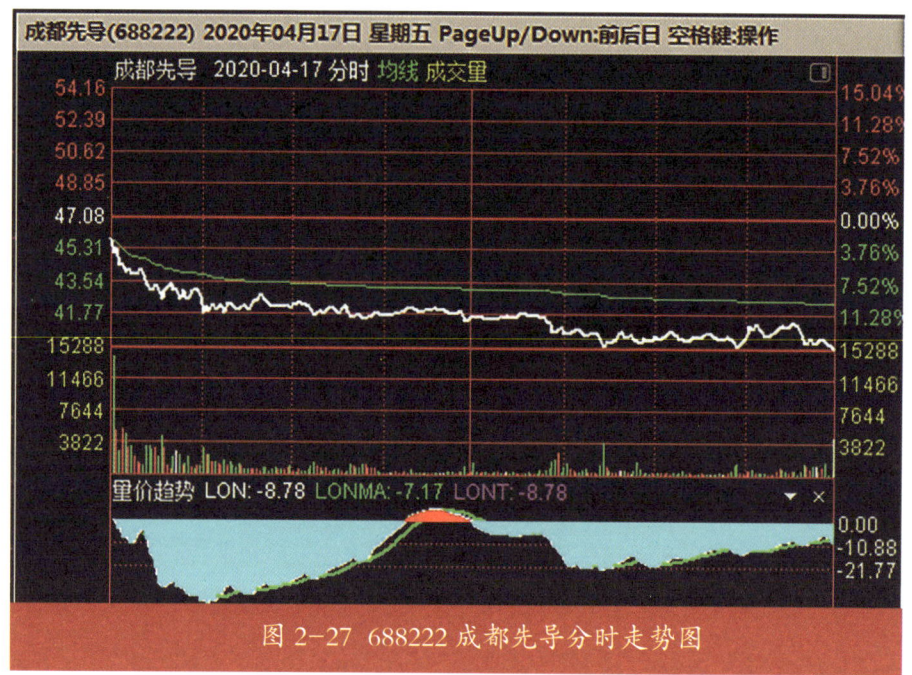

图 2-27 688222 成都先导分时走势图

第九节　新股上市五天组合交易技巧

　　注册制新股上市五天很关键，五天一过，意味着其可以利用无涨跌幅的新股炒作期结束，进入正常交易。

　　这五天的走势及组合，预示着之后的走势，认真研判很有价值。

　　688126 沪硅产业，每股发行价仅 3.8 元，上市首日涨幅也不过分，之后的五个交易日，股价重心一直上移，最终形成了该股上升趋势的雏形，在进入正常交易期后，股价升升不息直至见顶。

　　以图 2-28 为例：

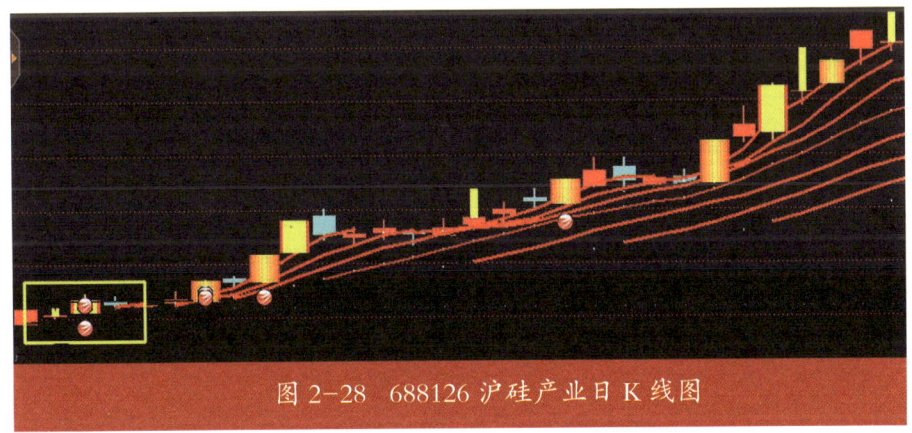

图 2-28　688126 沪硅产业日 K 线图

　　688085 三友医疗，上市首日收了一根高开低走下影阴线，第二天大阳线包容首日阴线，之后三个交易日收三颗小十字星，仍然在大阳线的中心上方，说明参与者人心已经趋稳，这五根日 K 线的组合，是有利于后市发展的。因此，之后虽然又整理了两天，但开始了上升行情，而且升幅还很可观。

以图 2-29 为例：

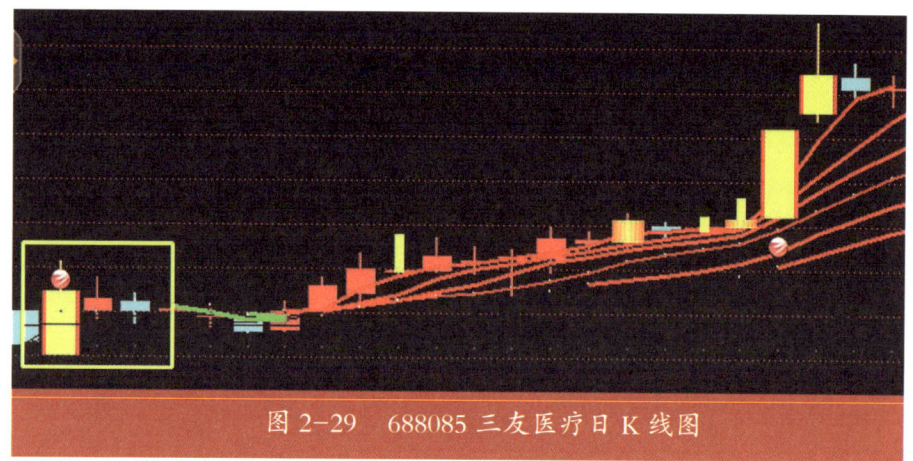

图 2-29　688085 三友医疗日 K 线图

688037 芯源微，上市首日低开高走，收下影阳线，次日小幅整理，报收 T 字阴星，第三天突发长阳，前五个交易日的日 K 线组合理想，之后借题材风口，被吹上了天。

以图 2-30 为例：

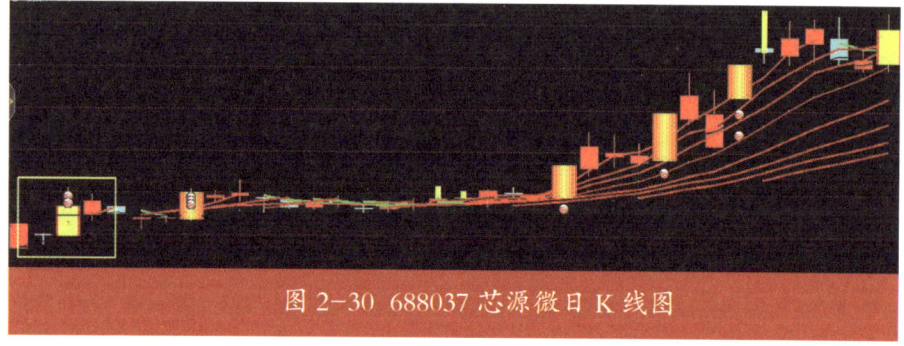

图 2-30　688037 芯源微日 K 线图

688399 硕世生物，上市五个交易日的走势，为 U 形状态，之后股价慢慢上行，走出横盘为主的走势，应该与主力压盘吸筹有关。2020 年 1 月 20 日，受利好刺激该股收出一字板，之后继续大幅上涨。事实上，以该股的一季报收益计算，该股是科创板板块中动态市盈率最低的。

以图 2-31 为例：

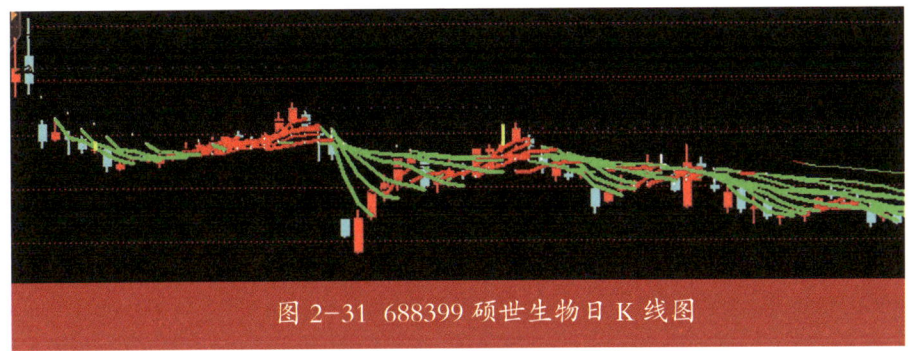

图 2-31 688399 硕世生物日 K 线图

上面举例的个股，都是新股在上市后，前五个交易日的日 K 线组合，阳多阴少，股价重心上移的个股，这种类型的个股，后市都走出了上升行情。

还有一种新股上市后前五个交易日，所成立的是看跌组合。凡是已经建仓或是准备买入的交易者，必须清楚这种组合成立后大幅下跌的概率，或止损或规避此类个股。

688080 映翰通，上市五个交易日的最后一天股价下行收阴，第六天下行趋势确立，当天该股收中阴线。如果上市前五个交易日股价重心下移，这根中阴线的出现，就是个确认信号！以图 2-32 为例：

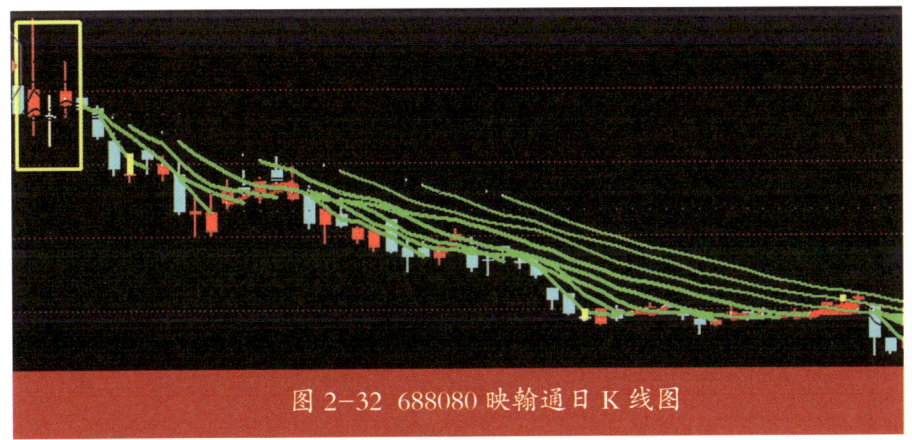

图 2-32 688080 映翰通日 K 线图

第三章

第一节　注册制交易的短线交易技巧

　　作为新生事物，注册制交易规则与之前大家熟悉的主板交易规则，完全不同。也许之前因为有必须在连续 20 个交易日内，个人资金账户里面有 50 万元资金或股票市值的限制，所以大部分交易者不能开户进行率先实施注册制的科创板交易。但是现在创业板也将实施注册制，参与注册制个股交易已成必然，不充分了解交易技巧，你将会像在主板交易中亏损那样，从一个坑里刚爬出来，又跳进新的坑里。

　　注册制的涨跌幅限制是 20%，如果你跌进坑里，一天的亏损都是惊人的；在新股上市前五天是没有涨跌幅限制的，五天以后涨跌幅是 20%，如果追在山峰收于谷底，你一天的亏损甚至可以达到 40%！

　　所以说充分了解交易规则是必须的。从已经运行一年多的科创板个股的规律看，用短线思维交易，用超短线技巧斩获利润是最适合的战法，本章将展示这方面的内容。

第二节　买对的时间选择和交易技巧

有很多在主板已经失效的交易技巧，却能在实施注册制的科创板运用成功，也不枉之前研究者们的一番用心。

前三个小时尽量不买股。主板现在最有参与受众的、最有获利确定性的战法，是追涨停板！很多个股都是分时上"冲天炮"直升封板的，如果你到科创板来这么追，那吃大"面"是一定的。

在科创板做对的关键之一，是买入时间的选择。因为注册制的涨幅限制是 20%，因此极少有个股是能够在早市封住涨停板的，冲高回落是件大概率的事情。

初涨股都会遭到两类交易者的狙击，一类是之前已经在低位建仓的交易者在出现大涨幅时，很有卖出数钱的冲动；另一类狙击者，是之前的套牢盘，等了那么久，终于看到了解套或少亏出局的机会，不趁机出逃真对不起自己。双方联手做空，是早市很难直接封板的重要原因。因为单日"T+0"将在科创板实施，我相信也会在创业板推广，以下的股例也可用在单日"T+0"上。

688111 金山办公，该股在大平台整理后，穿顶上攻，因为是在上午时间段，在高位遭到空方狙击，之后又调整了很长的一个时间段。

不可否认，已经确立大上升趋势的个股，出现调整是暂时的，但是谁都不知道什么时候股价会创新高解放自己，这种套牢浪费了自己宝贵的时间和精力，这种低级错误，智者不犯。

以图 3-1 为例：

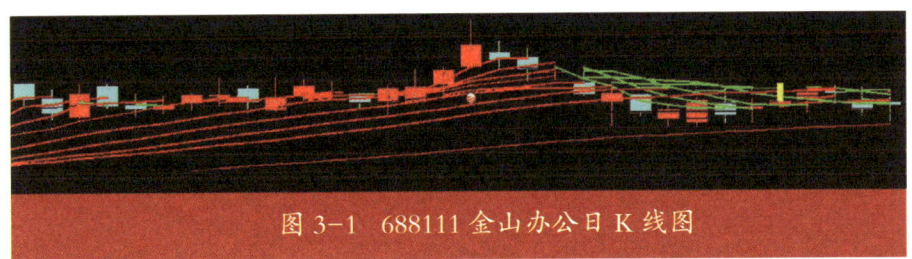

图 3-1　688111 金山办公日 K 线图

早市上攻，在主板是最容易吸引跟风的，但是注册制 20% 的涨幅限制，就极易招致追高被套，因为早市封板的概率极小。

以图 3-2 为例：

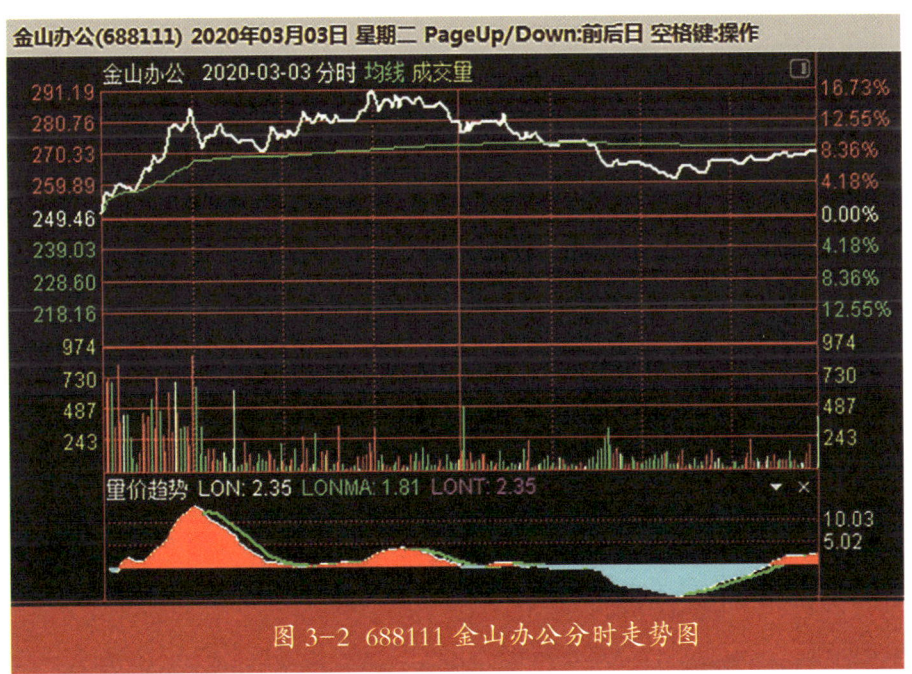

图 3-2　688111 金山办公分时走势图

688166 博瑞医药，就是一只上攻被前期套牢盘狙击失败的个股，早市上攻是这次失败的唯一原因。

以图 3-3 为例:

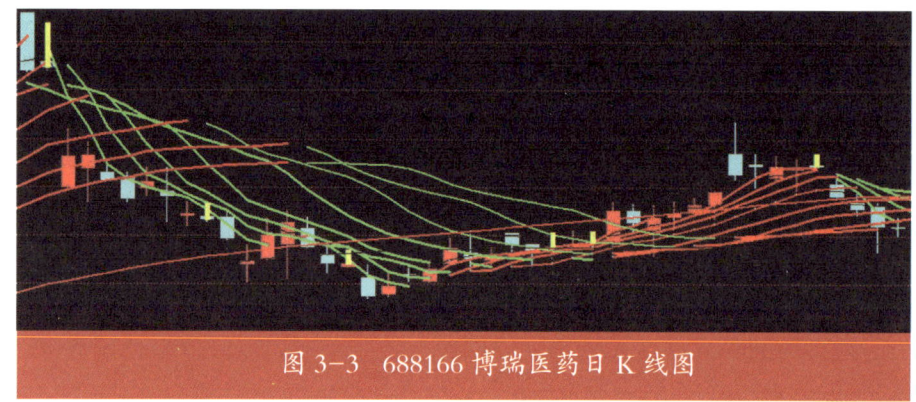

图 3-3　688166 博瑞医药日 K 线图

从图 3-4 中我们可以看到,在 9∶49 股价跌穿均价线后,卖盘几乎在之后的交易时间段不断涌出。

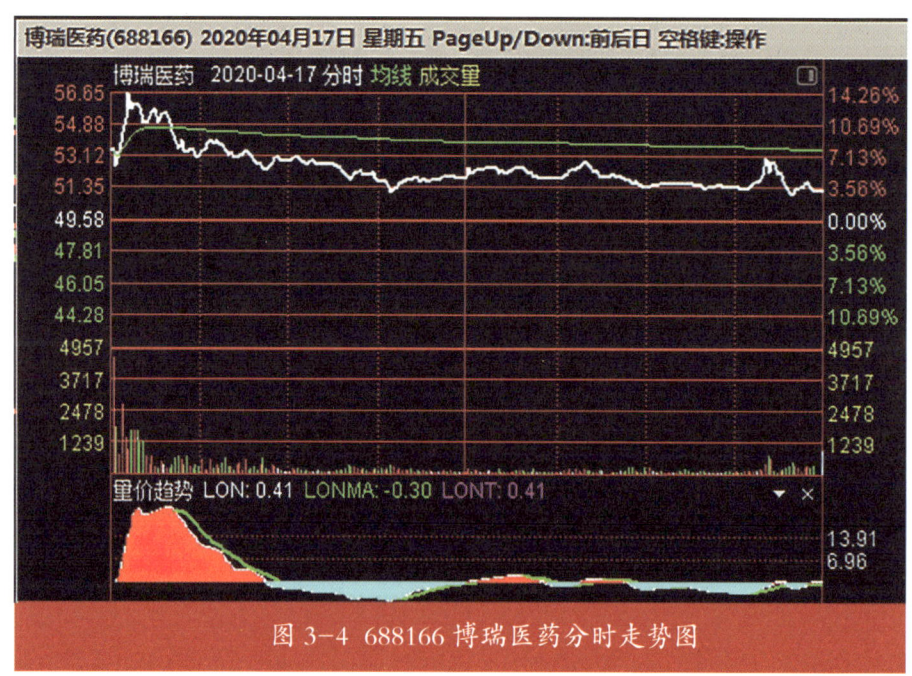

图 3-4　688166 博瑞医药分时走势图

第三节 有获利确定性的买对交易技巧

因为注册制交易规则是 20% 涨跌幅，任何时间段的上攻动作，只要无法封住板，一定会冲高回落的，早市形成上涨尖峰的个股，下午很难再走好。

所以，遵循不关心就没有伤害的原则，交易日的前三个小时，尽量不要去关心那些放量急升的个股，因为这些个股基本上没有可能封板至收盘的，20% 的涨停涨幅，是很容易招致获利出局资金做空的，以后如果实行单次 "T+0"，百分之百是失败的！

被套不是件愉快的事情，除了亏损资金之外，对精神的打击甚至会影响到身体的健康！

买入在获利确定性位置，是需要等待时机的，要求唯有一个，交易日的前三小时，不理会那些放量急升的个股。日内之前的走势，不会成为阻力，从下午 14：00 的上升，将贯穿至收盘。这么做的好处是明显的，你买入的筹码，不会在当天产生亏损，甚至应该是有利润的。

688365 光云科技，2020 年 5 月 15 日的分时走势，就是非常理想的教材。

该股在 13：45 之前的走势，是一直围绕着均价线运行，结合日线的技术形态，早市根据分时走势，可以判断该股大概率会在下午某个时间段向上突破。果然，13：45，在股价涨幅 7% 时，出现了放量突破动作，因为突破时间正确，在之前的时间段已经清洗出了大部分持股不坚定的持仓者，突破后的走势很流畅，14：26 被一笔百万大单封上涨停，之后买一上还有 330 万股封单。

以图 3-5 为例：

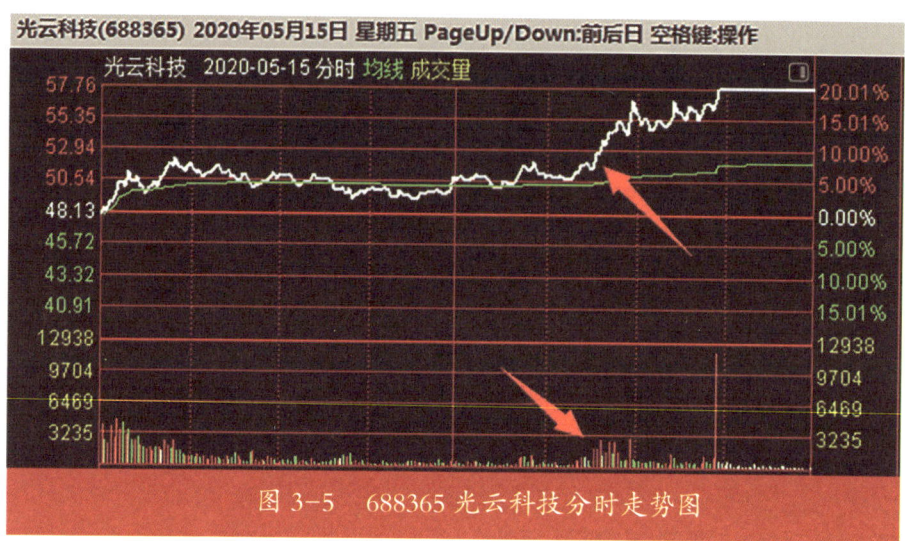

图 3-5　688365 光云科技分时走势图

　　688126 沪硅产业，2020 年 5 月 26 日的分时走势，也是非常理想的教材。关注的时间久了，你就会发现，牛股的技术形态和分时走势，都是相似的，像复制粘贴。

　　以图 3-6 为例：

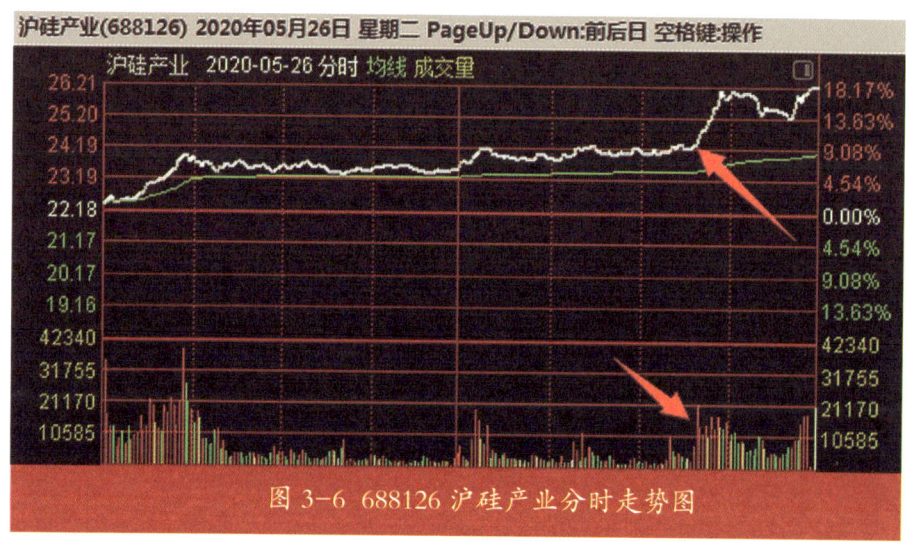

图 3-6　688126 沪硅产业分时走势图

第四节　分时卖对的交易技巧（上）

买对，只是完成了一笔交易的前半部分，真正获得利润，还需要有个卖对的配合，只有在这两个环节上都做得不错，实现利润最大化才不是一个梦想。

卖对的时间选择很重要，在第一个小时选择卖出时机，也许在你卖出之后，股价还有个冲高余势，这时候你的心态一定要端正，哪怕是后面的涨幅再大，也绝对不能有任何后悔情绪产生！这种患得患失的后悔情绪一旦积累，以后你就不会在早市再逢高卖出了。

早市应该逢高卖出的票，都应该是前一个交易日阳线大的个股。如果前一个交易日个股的阳线不够大，不是收在最高点的大阳线，高开的概率就不大，这是高开股的先决条件。下面的内容，是对各种高开之后走势的研判。

高开冲高回落阴线型。688333 铂力特，2020 年 2 月 18 日报收一根 20% 的涨停阳线，第二天的高开是一定的。因为科创板交易规则的原因，再封板几无可能。聪明的交易者会择机逢高卖出。

以图 3-7 为例：

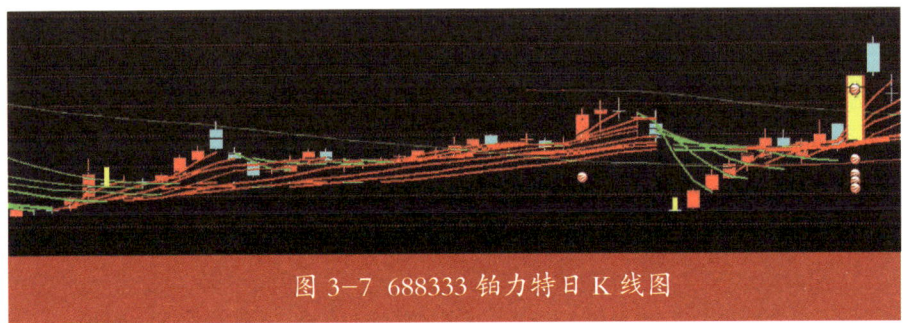

图 3-7　688333 铂力特日 K 线图

该股 2020 年 3 月 2 日高开直接低走，之后的反弹一直受制于均价线，尾盘收于最低点附近。凡是第一天出现 20% 涨幅的个股，必须对次日的走势有所预判，因为第一天出现 20% 涨幅的个股，第二天你要知道，是很少还会有个封板大赚的馅饼落在你头上的。与其去等待不可能的事情，还不如抓住机会，卖个好价钱更实在一些。

以图 3-8 为例：

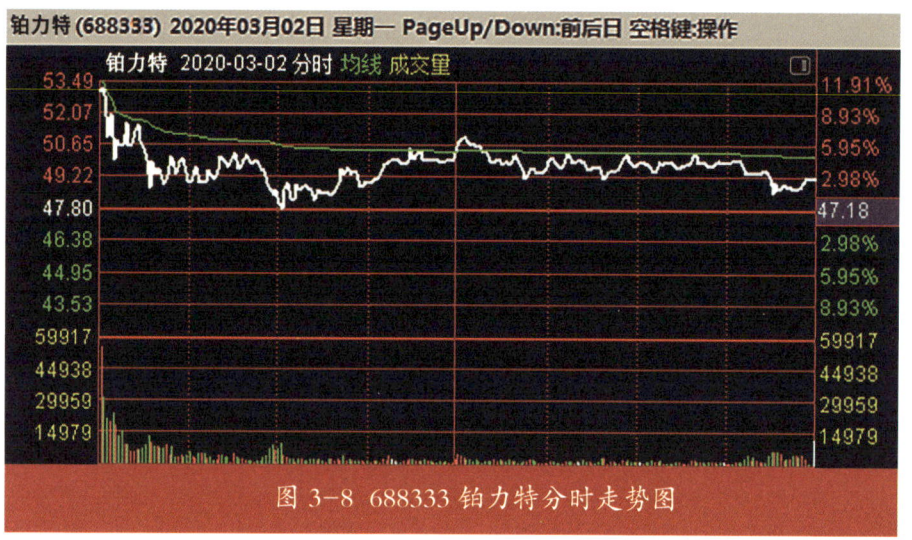

图 3-8 688333 铂力特分时走势图

688020 方邦股份，2020 年 5 月 6 日，收了一根 8.01% 的阳线，第二天大幅高开，但是仅仅只冲高了一分钟，立即被打回原形。当然，这上攻一分钟时间的涨幅还是很可观的，最高涨幅 10.68%，如果不是早就打好单等着，卖在 8% 的涨幅也不可能，因为回落太快了。这也证明了一句话：机会永远是给做好准备的人的。

以图 3-9 为例：

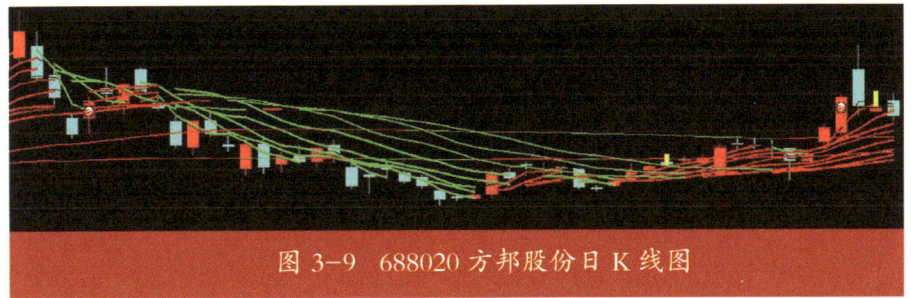

图 3-9　688020 方邦股份日 K 线图

高开冲高回落阳线型。这一类的个股数量众多，强势是明显的。但是在前一天已经有阳线基础上，再收出上影阳线，总有些不踏实，作为经典案例，还是有必要仔细讲解的。我附上日 K 线图，大家可以结合之后的走势，加入个人的理解。

688078 龙软科技，2020 年 1 月 10 日，在平台位收出一根 5.07%的阳线，第二天冲高回落收上影阳线，上影线略大于实体部分。

因为启动于大平台，两根阳线实体不太大，第二天收震荡十字星，第三天再收墓碑十字星，两个交易日消化了获利盘后，1 月 22 日收出一根上影大阳线，却是最后一涨而已，次日立即大跌。

以图 3-10 为例：

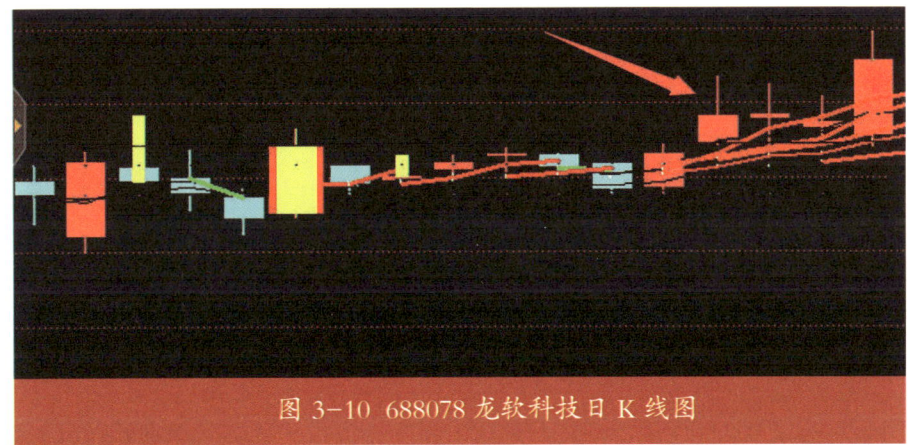

图 3-10　688078 龙软科技日 K 线图

从下面的分时走势图上，我们可以看出，除了早市有大量主动性买入单，之后就是绿柱多于红柱了，即卖出多于买入。

作为合格的短线高手，11：11 的上冲量能不济，上攻无功而返是一定的，这时候是卖出机会，毕竟第二天的调整幅度比较大，后市收大阳是小概率事件。

以图 3-11 为例：

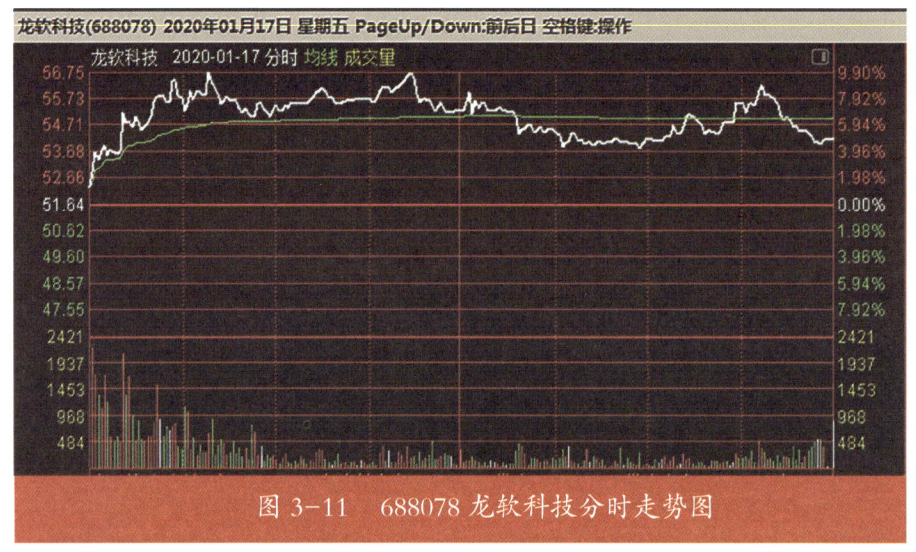

图 3-11　688078 龙软科技分时走势图

688085 三友医疗，该股上市第二天大阳包阴，之后收了四根十字星加一小阴，之后就此结束洗盘动作。

判断大阳线后的走势是就此下跌还是洗盘的依据，主要是看日 K 线形态和成交量组合。

该股上市次日收长上影阳线，之后收四根十字星和小阴时，量能是逐日递减的。我是反对逢低买入的，如果没有 2020 年 4 月 20 日的止跌阳线，股价下行是很正常的事情，如果在阴线那天就去买入，其实带有赌的成分。可能有人反对我这种做法，但是我坚持会在确定止跌，可能回升时再去买它，虽然买入价高了一些，但是我的获利确定性却得到了保证。

2020 年 5 月 12 日，该股在趋势推升下，收出了一根 20%涨停大阳线。

以图 3-12 为例：

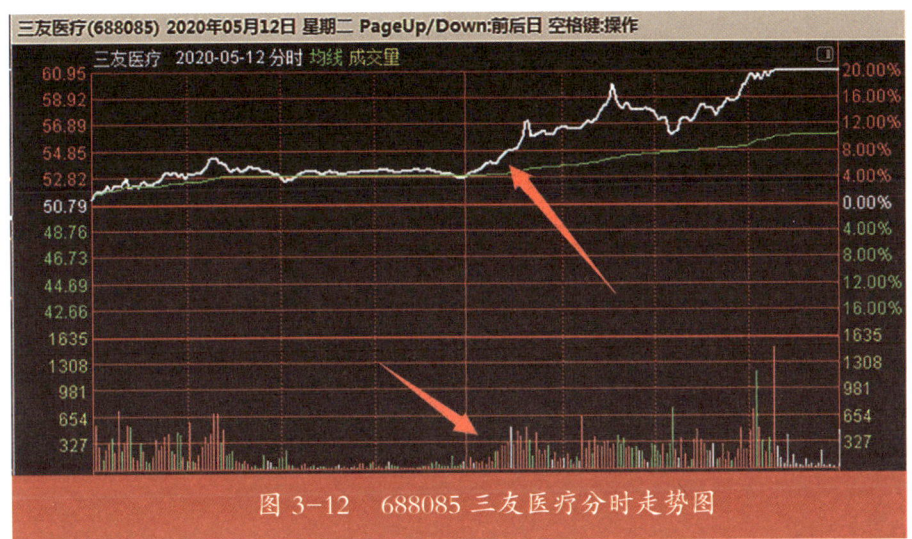

图 3-12　688085 三友医疗分时走势图

该股的这根大阳线，是趋势推送下的主升浪行情，如果在主板，就是三连板。

以图 3-13 为例：

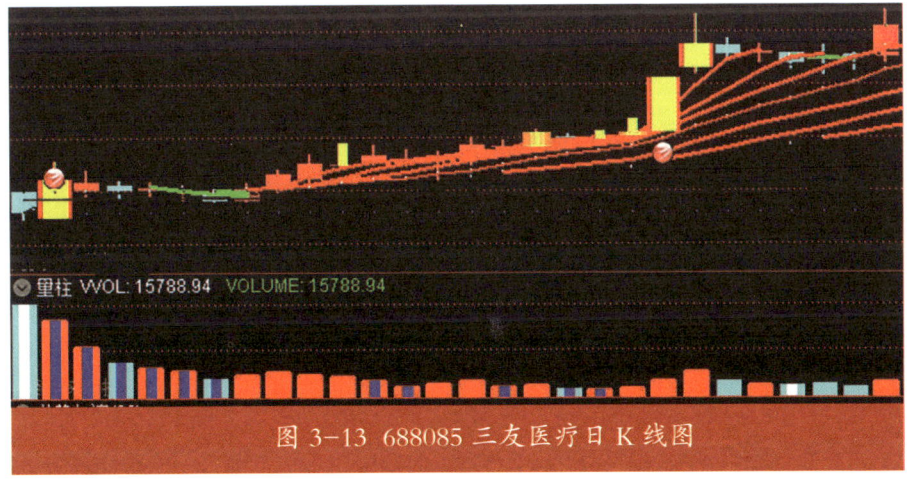

图 3-13　688085 三友医疗日 K 线图

注册制交易规则与主板不同，一个涨停相当于主板的两个涨停。第二天再冲个 10% 以上的涨幅，就相当于主板的三连板了，当天留下的上影线位，其实已经相当于主板的三连板以上位置了。如果你不完全了解注册制交易规则，傻傻地去追涨，那吃亏是一定的。

好在该股主力深度介入，才不至于在收上影阳线后直接下跌，后市收五根十字星后，还能做个分时小双顶，给套牢人一个解套出局的机会，如果不珍惜，那只能怪自己麻木了。

第五节　分时卖对的交易技巧（下）

　　分时卖对，是非常考验交易者能力的重要环节，虽然不敢说"会卖的是师傅"，但是卖出价格的高低，确实关系到一笔交易利润的多少。

　　卖对是有技巧的，如果不用心去研究，太多的人尽管炒了很长时间的股，还是不能有意识地去做好这件事的。

　　本节的内容，就是通过图例介绍一下在一个交易日中的不同时间段，怎么样做好卖对这件事情。

　　高开高走直接见顶型。有些个股主力开盘定价和快速冲高，就是为了打开出货的高度，使得出货区间尽可能高，把存货卖个好价钱。

　　688116 天奈科技的主力，无疑是高手。该股高开高走，最高涨幅19.22%，几近涨停，之后立即下杀，10:30 甚至还把股价救上来，下午的时间段，还把股价打上均价线，直至最后 15 分钟才回落。

以图 3-14 为例：

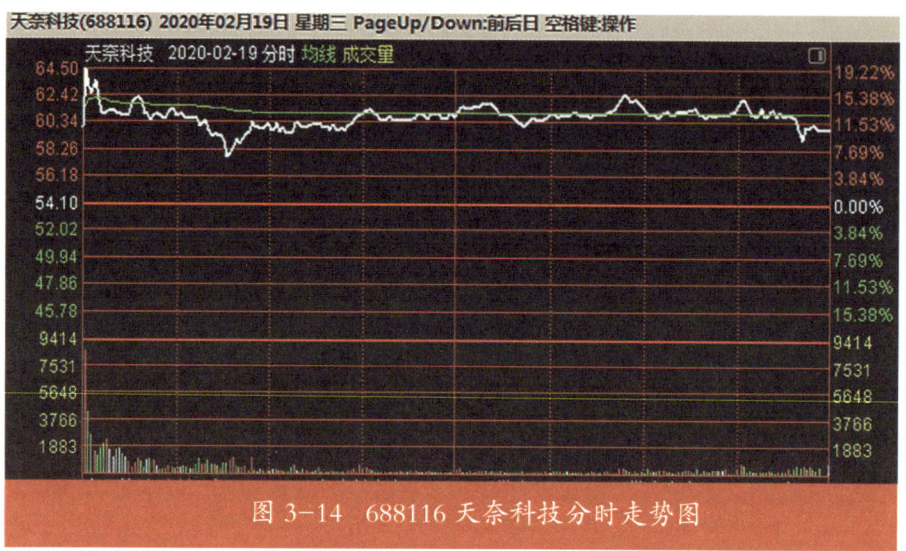

图 3-14　688116 天奈科技分时走势图

收盘报收十字星。因为该十字星是处于历史高点位置，结果成了大顶。

以图 3-15 为例：

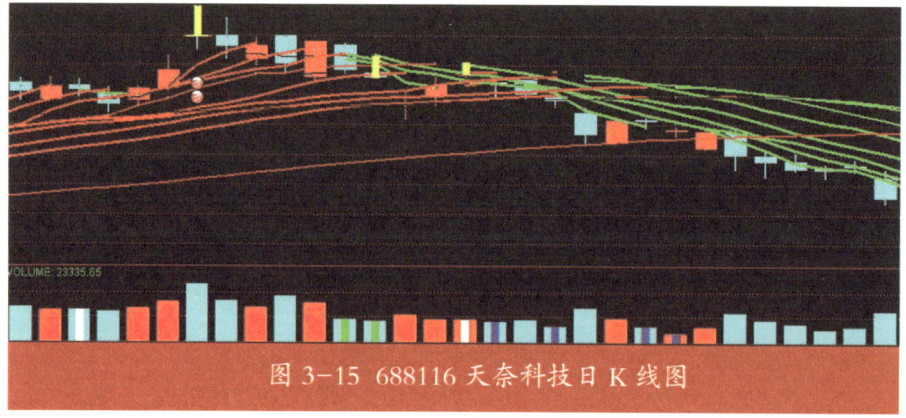

图 3-15　688116 天奈科技日 K 线图

688598 金博股份，2020 年 5 月 20 日平开高走，9：53 涨幅达到7.64%，之后量能消失，股价快速回落，10：06 加速跳水，14：37 跌出当天最低点，-6.38%，尾盘虽然有所回升，但是第二天、第四天仍有下跌，尤其是 5 月 25 日，最多大跌 12.77%。

从这只股上应该接受的教训是，高位大涨股看上去很美，似乎要加速走主升浪，但是早市立即大涨是不正常的，在注册制 20% 涨幅限制的交易规则下，它有可能封住一天的板吗？这是非常考验主力钱多钱少的事情，如果你要指望撑上一天，是不可能的事情。这就是卖出早市急升大涨股的逻辑。

以图 3-16 为例：

图 3-16 688598 金博股份分时走势图

688025 杰普特，从技术角度看，它其实是走了一波完整的三浪行情。其实整个升幅并不小，振幅达到将近 40%。仔细研究该股整波行情的走势，是件很有益的事情，对提高你的交易能力很有帮助。

这是一只底部反弹力度很大的好股，走出的是一浪反弹，却用三波走完了行情。从技术角度讲，这种走一浪反弹并且力度很大，用一根 20% 涨停板启动的个股，行情一定不会仅止于这一根大阳线的。但是之后的大涨就要警惕了，也许后面的大涨，就是主力兑现获利筹码的时间段了。

以图 3-17 为例：

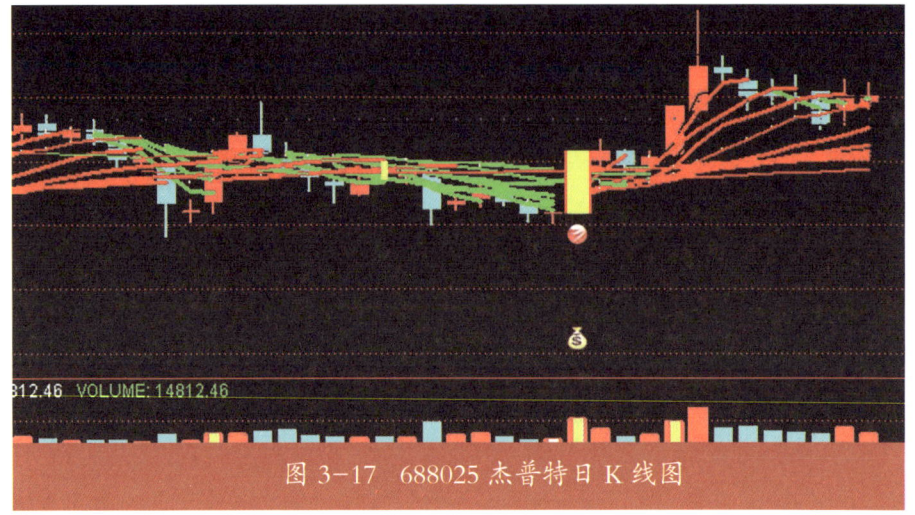

图 3-17　688025 杰普特日 K 线图

该股在 2020 年 6 月 2 日平开高走，因为前一个交易日是光头阳线的原因。之后立即上攻，在一个小时之内就完成了上升五浪，这个主力的出货动作很干脆，不拖泥带水，一步到位，让高手喜出望外。这种类型的个股，是短线高手最喜欢的，卖点最好掌握。

以图 3-18 为例：

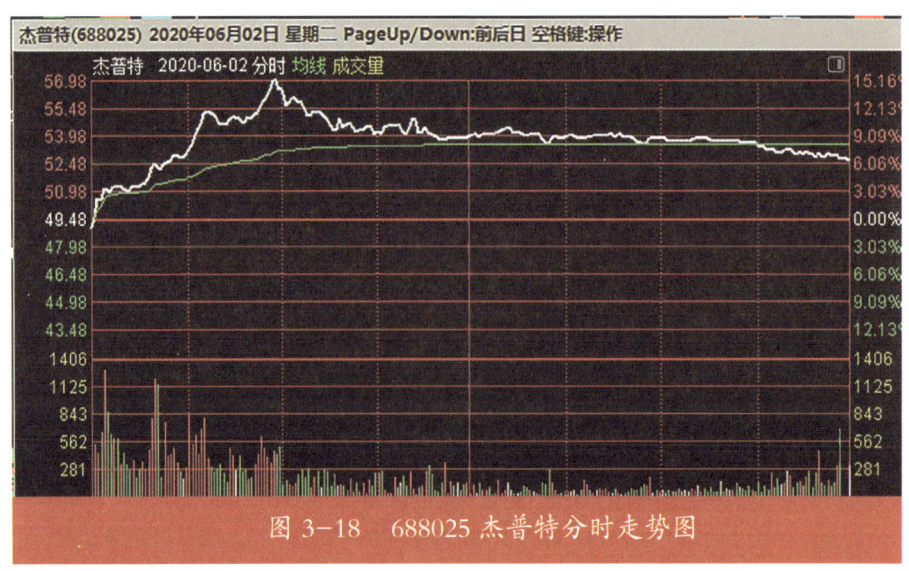

图 3-18　688025 杰普特分时走势图

688516 奥特维，上市第二天早市平开，因为前一个交易日是上影阳线，所以在消化了前日套牢盘后，9:51 才发力上攻。

问题还是出在上攻时间不对，主力不自量力，发起上攻后的 10:30，就量能不济，这是最致命的弱点，10:35 直接没有了主力买入大单，于是失败从此开始。虽然 11:08 还勉力上升了一次，但无功而返后在 13:35 跳水，再收长上影阳线。第二天股价平开低走，下杀整天，最低下跌 13.59%！

以图 3-19 为例：

图 3-19 688516 奥特维日 K 线图

688298 东方生物，2020 年 6 月 1 日，报收涨幅 15.01% 上影大阳线，第二天高开大涨，9:42 涨幅达到 13.96%，这时候两个交易日的涨幅，已经相当于主板股的三个涨停板位置，上攻乏力现象在 9:43—9:59 已经非常明显，于是股价开始回落，这又是一个早市上攻招致失败的经典案例。

以图 3-20 为例：

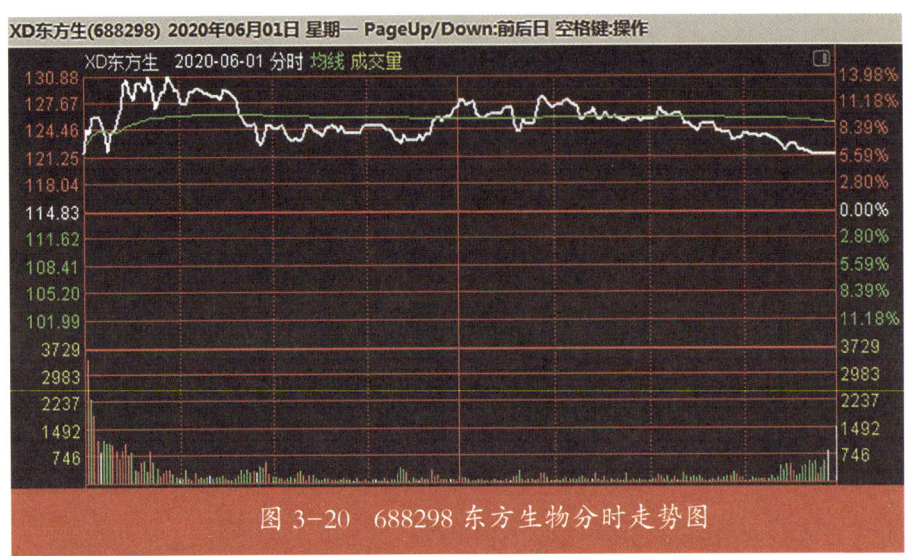

图 3-20　688298 东方生物分时走势图

也有一些主力操盘手法更高超的个股，会选择在上午先小幅上涨，平台整理清洗获利筹码后，在下午再发动上攻，这么做的好处是上攻阻力较小，上升流畅，上涨高度可观。但是此类个股一旦见顶，会很干脆地直接下跌，主力上午营造的洗盘动作，无非就是为了快速上升，一旦看到跟风盘减弱，会立即反手做空，兑现获利筹码。

688080 映翰通，就是这么一只个股。2020 年 5 月 28 日，该股报收一根尾盘上攻 14.20% 涨幅的大阳线，第二天低开高走，上午一直在 5% 涨幅下方横盘整理，下跌不破均价线，这是有主力调控股价的标志。

以图 3-21 为例:

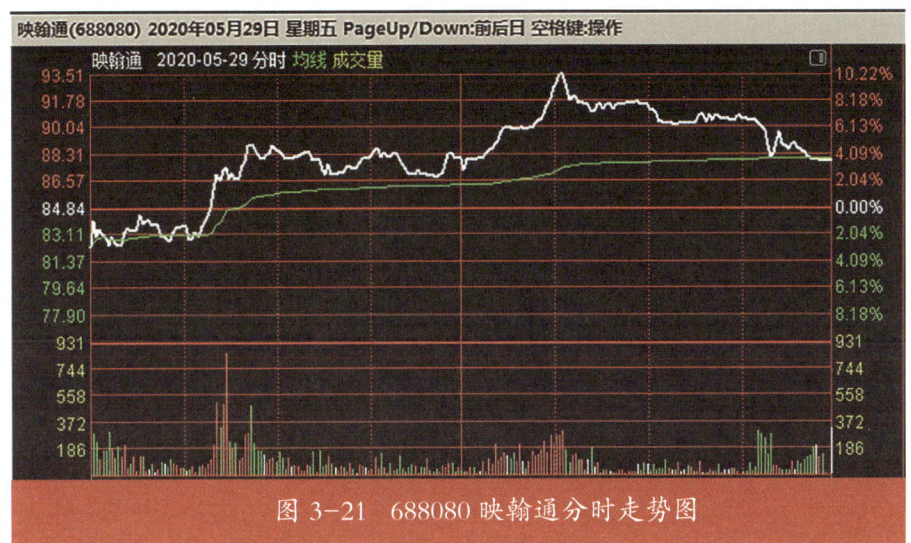

图 3-21　688080 映翰通分时走势图

688266 泽璟制药，2020 年 5 月 13 日之前的五个交易日，一直在走上升趋势，许多一直盯着该股的人，一定误认为开始走主升浪，早市放量过程中追入的人应该不少，还是上攻时间不对的原因，10：10，股价上攻至 11.93% 突然见顶回落，之后雄风不再，报收长上影阳线。以图 3-22 为例:

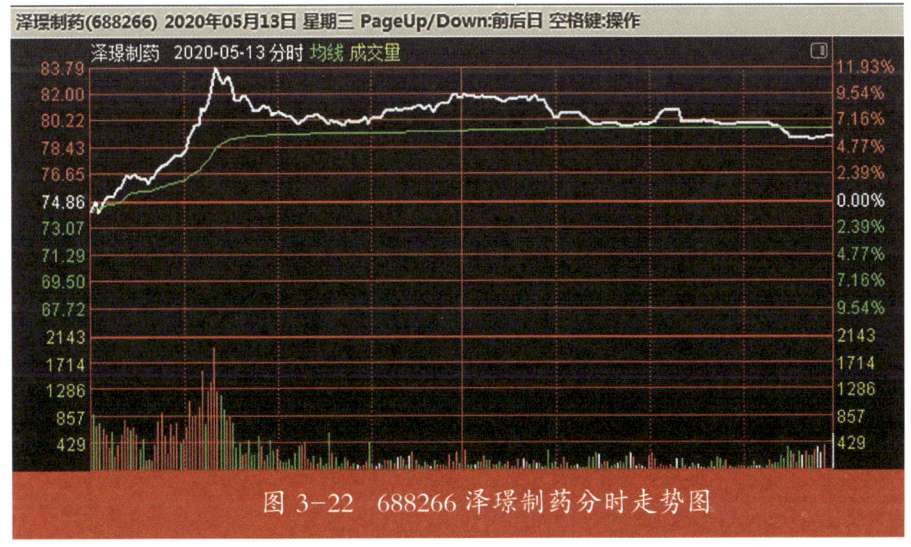

图 3-22　688266 泽璟制药分时走势图

在出了这根长上影阳线后，股价就此回落，把一帮早市追高的人套在山顶上。

股市最残酷的现实就是，你自以为最有把握的事情，也有可能会翻车出意外，真的需要有一点运气。

能够做到不犯错的前提是，有严于律己的纪律，什么事可以做，什么事不可以做，不关心就没有伤害，不动手就不会亏损!

以图 3-23 为例:

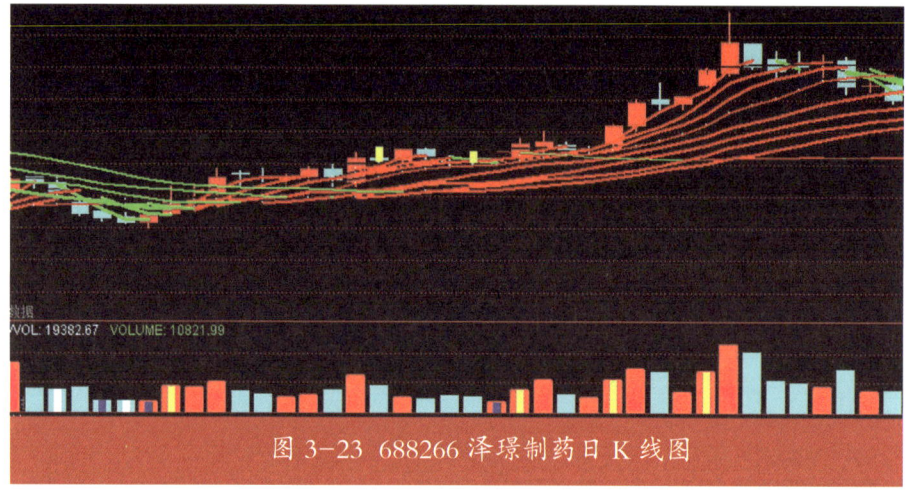

图 3-23　688266 泽璟制药日 K 线图

688058 宝兰德，2020 年 5 月 8 日早市放量急升封板失败。该股 5 月 6 日报收 20% 涨幅的涨停板，第二天股价在 60 天均线下方收整理十字星，5 月 8 日平开高走，主力想再扩大战果，再收获一个涨停板，但是他忘记了，这是在注册制交易规则下的科创板个股，上攻至 20%，已经相当于是在主板四个板的涨幅了，没有特硬的题材，失败是大概率的事情。

以图 3-24 为例:

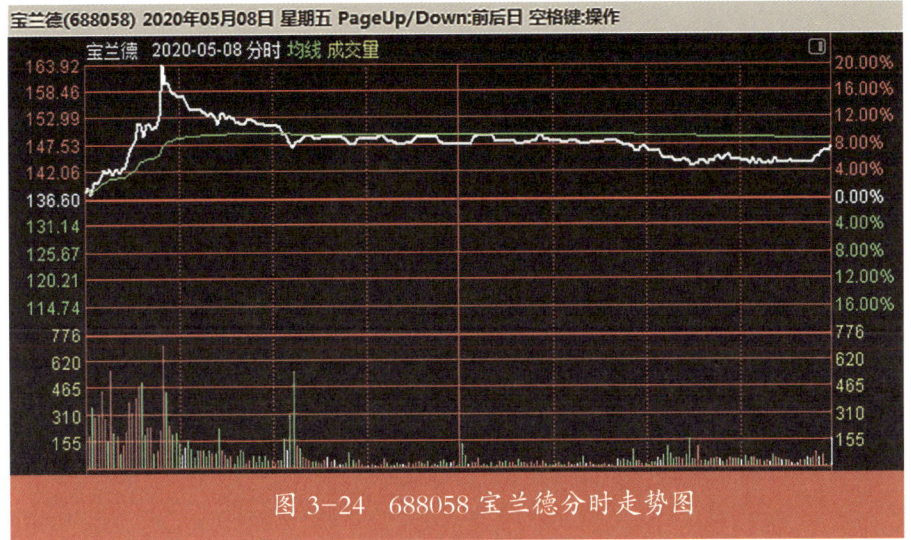

图 3-24　688058 宝兰德分时走势图

收出这根长上影阳线,此轮炒作就此结束。之后股价陷入沉沦,至今仍无起色。从这个股例上,大家应该接受的教训是,早市买急升股确实有风险。我们到股市来最不应该冒的是风险,大亏损谁都无法承受。

以图 3-25 为例:

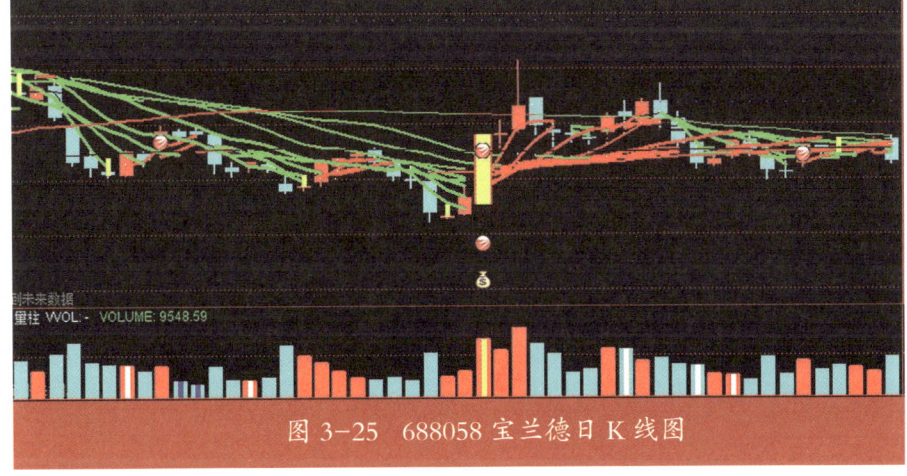

图 3-25　688058 宝兰德日 K 线图

688037 芯源微，2020 年 2 月 5 日的分时走势最有欺骗性。该股已经在之前的八个交易日中，有过巨大涨幅，甚至前一个交易日，还出现过一个 20% 的涨停板。此时再去追跳空大涨票，风险太大。

该股之所以大涨，主要是因为有大芯片题材加持的原因。问题是，再好再猛烈的风口，股价也有涨到位的时候。这一天其实已经升势到位，最后多次上攻无果，在 15% 涨幅区域的高位横盘失败后跳水，收盘报收高位大十字星。

以图 3-36 为例：

图 3-26 688037 芯源微分时走势图

之后六个交易日的交易，基本上是一个主力高位出货的过程，这时候还去参与到这种行情中的人，一定是题材受害者。切记，高手是绝不会去做"接盘侠"的，因为高位买股风险远大于收益，尤其是技术形态不好的个股，应该是避之唯恐不及，不看就不会受到诱惑、不会受到伤害！

以图 3-27 为例：

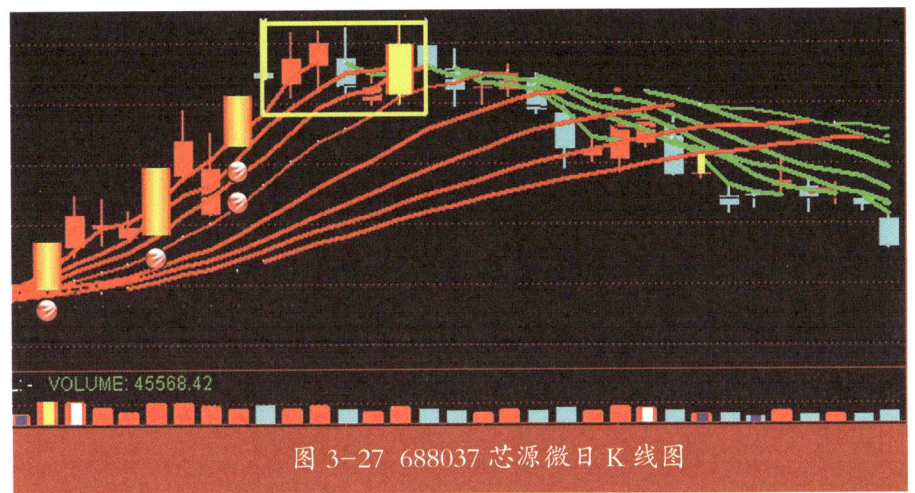

图 3-27　688037 芯源微日 K 线图

　　688068 热景生物，又是一只大涨之后在上午快速见顶的个股。这只个股主力无疑是个极其凶悍的操盘手，该股早市先快速杀跌 14.50%，11：04 又快速拉升至上涨 12.28%，除了庄家自己，真的没有人能够经受得起这么剧烈的折腾。操盘逻辑也不难理解，只不过当时的你，未必敢在低位大胆去接杀跌的筹码。以图 3-28 为例：

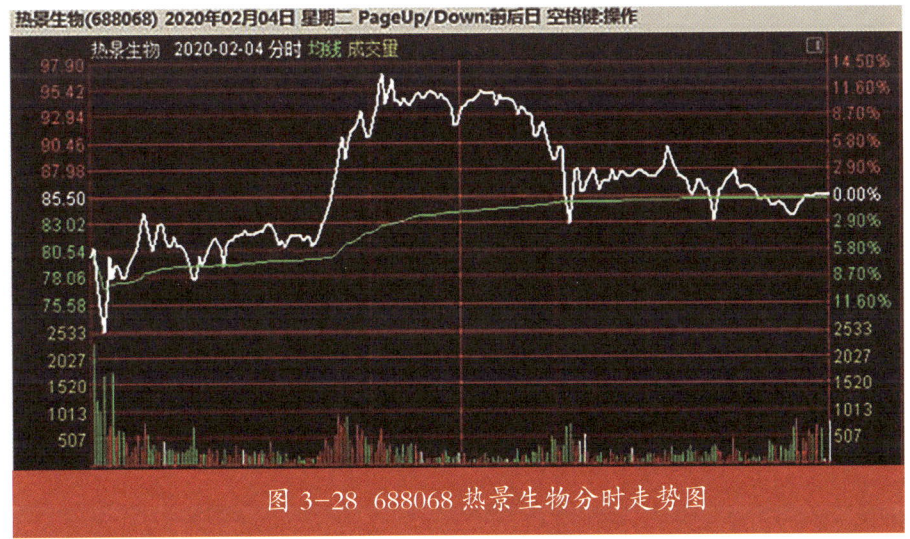

图 3-28　688068 热景生物分时走势图

分析该股当天的分时走势，是非常有助于提高个人能力的一件事情。前面我已经提到过，该股的主力操盘手是个很凶悍的高手，他是一个相信用钱可以创造奇迹的人，从这只个股的出货手法上，就可以看得出。如果以后实行单日"T+0"，那些既恐惧又贪婪的菜鸟，左脸被打一个耳光，又把右脸送上去挨打，先在暴跌时恐慌割肉，后来实在忍不住上涨的诱惑，再在山顶上买回来的人，不是没有，而是还不少。

真心希望有缘读过这本书的朋友们，能从我所举的那些个股案例中，汲取相关的技术知识，在自己今后参与注册制个股交易时，识破陷阱，做得更好。

上面所举的个股案例，都是上午见顶回落的，下面要说的，是下午冲高失败的个股案例。不管是当天什么时间段见顶，最重要的技术特征，就是放量急升上攻。因为上攻升势太快，上升角度太陡峭，与均价线背离太远，是导致股价回落的重要因素。掌握了这个诀窍，你就会冷静地去对待心仪股的上涨和持仓股卖点的把握。

买对和卖对，在股市是瞬间必须做对的事情，稍有犹豫不决就会错失良机。很多人因为性格缺陷的原因，一旦错过最高点就不卖了，明明有了一个出局良机，就这么被自己浪费了，事后想想还真是一件很后悔的事情。股市没有后悔药，只有自己平时多复盘，积累足够多的经验，才能在今后的交易中，游刃有余地做对每一笔交易，尽可能去赚取最大的利润。

688021 奥福环保，又是一只大涨后见顶的个股。该股起涨于 2020 年 5 月 29 日，当天是一根 20% 涨幅的大阳线，至 6 月 4 日见顶，在五个交易日中，振幅达到 109%，上涨的五天中的获利盘数量可想而知。

以图 3-29 为例：

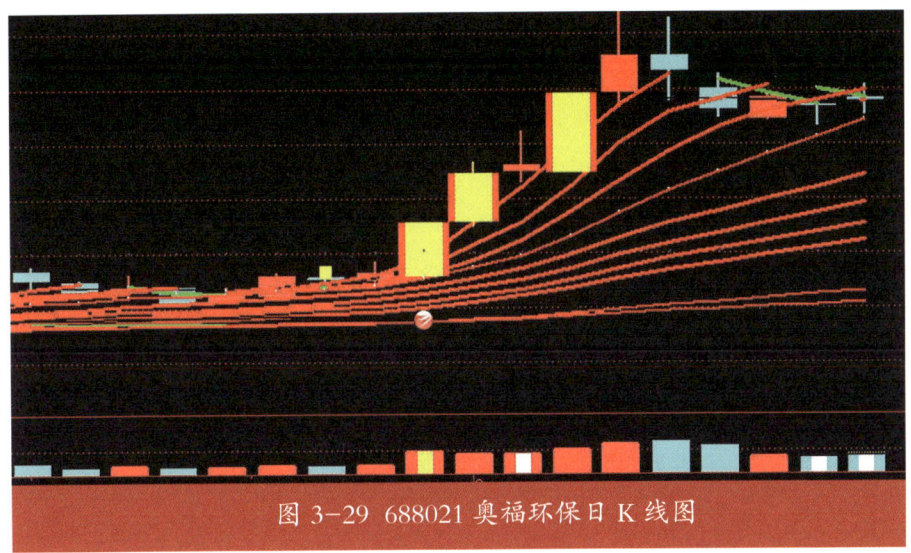

图 3-29 688021 奥福环保日 K 线图

事后看这幅日 K 线图，也许你会有清晰的判断，问题是在盘中你可能就不冷静了，追涨的人永远相信，牛股的上升是无穷尽的，天际才是它的终点，网络股吧里这种不负责任胡吹乱侃的人，实在是太多太多。尊重现实的人，永远是面对盘面做决策的，没有幻想。

从下面的分时走势图上，我们可以看到的是，其实下午在做三重顶的时候，已经没有成交量了，说明此时的市场追涨意愿已经不再，头部就在眼前了，当天股价冲高回落。

以图 3-30 为例：

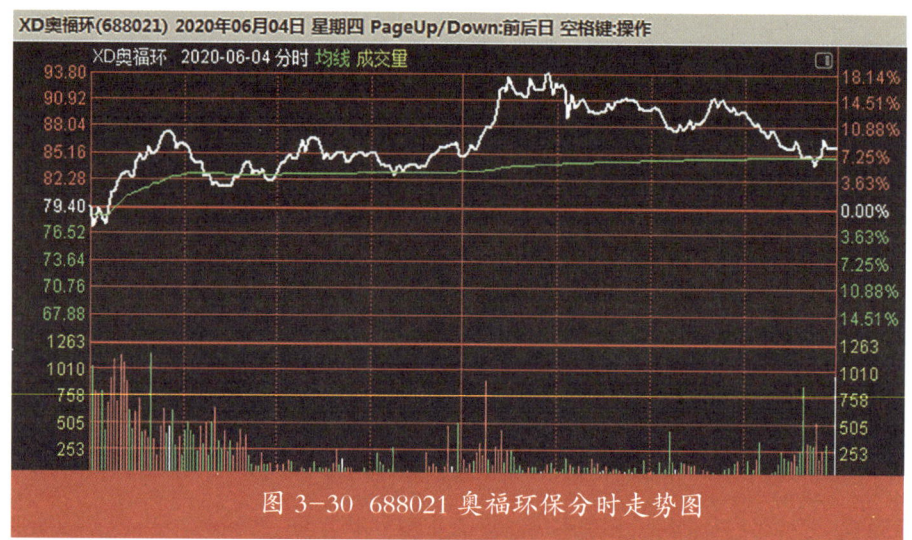

图 3-30 688021 奥福环保分时走势图

688588 凌志软件，在上市的第三天，收出一根大阳线，三个交易日走出了一个 U 字，第四天收整理十字星；消化获利盘后的上市第五天，低开整理后在 14：20 发动上攻，从时间点的选择看，是对的。但是在 14：35—14：38 做了一个小双顶后，股价突然向下跳水，收盘 K 线为长上影阳线。因为上攻受阻，第二天低开收阴线。

以图 3-31 为例:

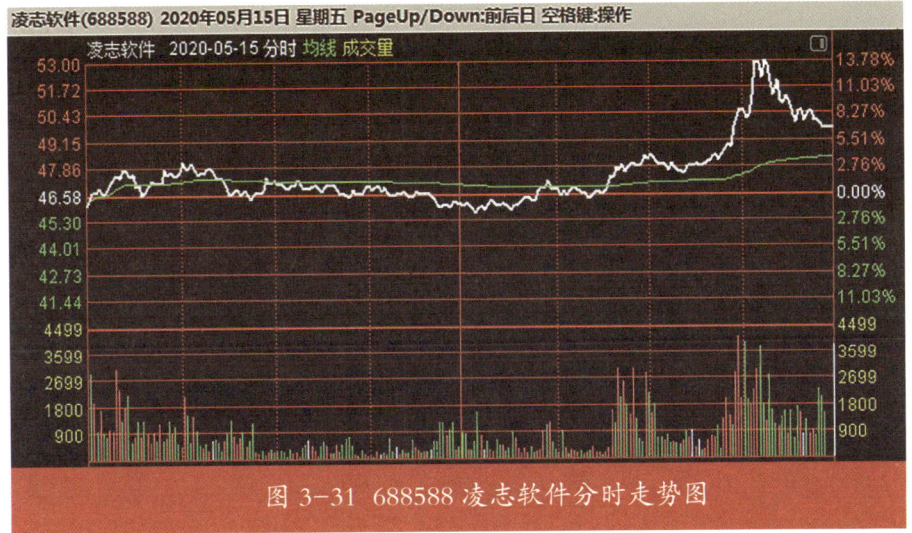

图 3-31　688588 凌志软件分时走势图

从下面的日 K 线图上我们可以看到，见顶的交易日，正好是新股上市的第五天，因为这五天的日 K 线组合不好的原因，导致后市出现了下跌。大阳线以后不买股，是纪律性强的高手们都信奉的教条，正是因为有了这么一个约束，少犯错的概率就增大了。

以图 3-32 为例:

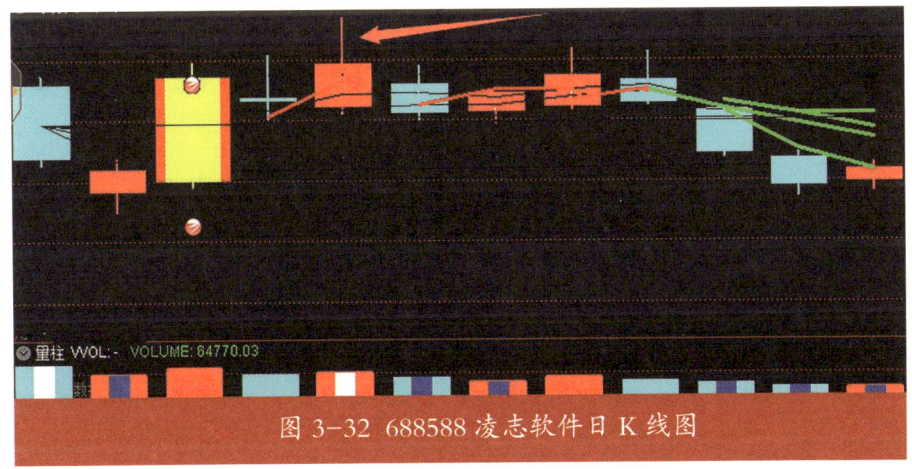

图 3-32　688588 凌志软件日 K 线图

688365 光云科技，在连续涨出两根大阳线后的 2020 年 5 月 18 日，冲高回落，收出高位墓碑十字星。

以图 3-33 为例：

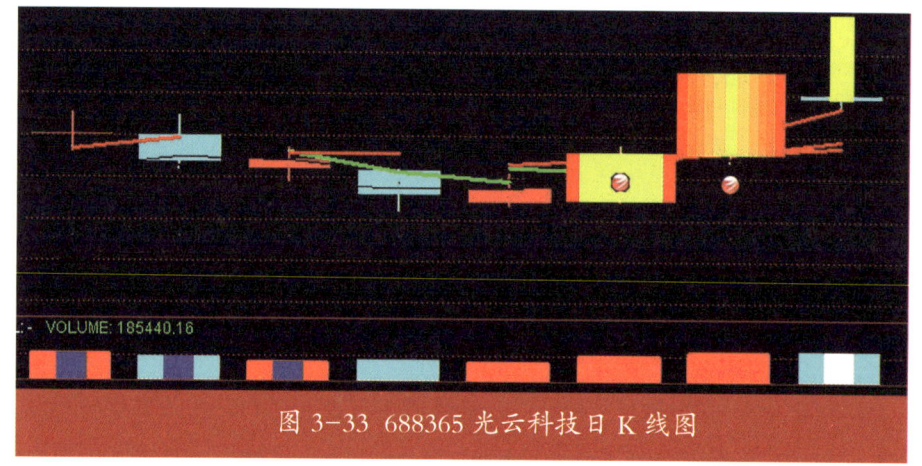

图 3-33　688365 光云科技日 K 线图

从下面的分时走势图中，我们可以看到，因为之前的两个交易日，该股涨幅过大，开盘以后的卖盘众多，除了低开低走，四次回升都遭到了狙击，从而打回原形。

上午的走势最终以多方获胜收盘，但也让多方感到了丝丝寒意，导致下午该股的升势止于 11.44％的涨幅。下午的升势最具有欺骗性，因为上午已经历过了大幅调整，从理论上讲那些跟风获利盘已经被清洗出局，如果下午升势突止下跌，那一定是主力所为，是主力炒作目标实现后的出货！

所以该股不再有上午的强势表现，见顶后一路下跌不止，收盘居然下跌 5.38％。

以图 3-34 为例：

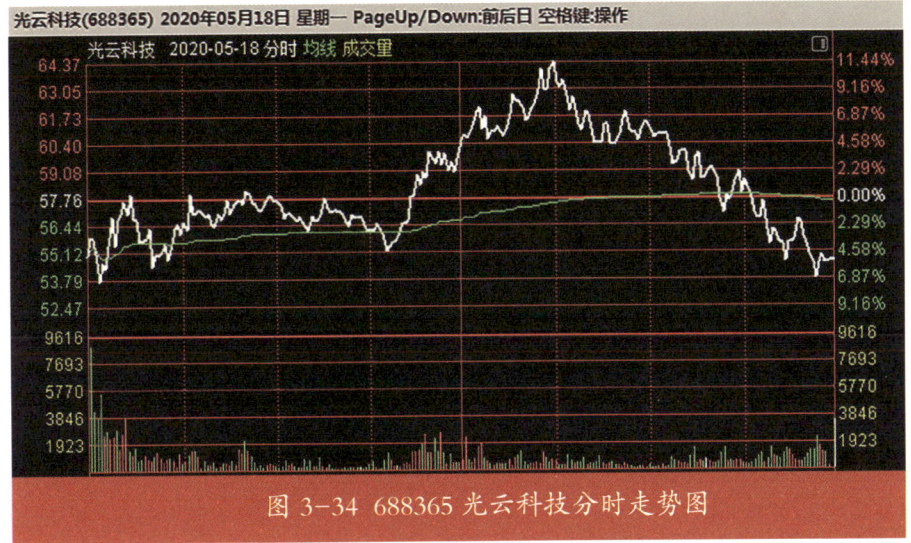

图 3-34　688365 光云科技分时走势图

上面所举的个股，都是单日见顶案例，有些就此成立大顶，也有一些因为主力尚未出货完成，它还有一个将之前见顶日买入的对倒筹码出清的过程。

这种高位整理的过程，你千万别当作蓄势，幻想后市还会有上攻动作。在这个时间段，任何的买入动作，都是错误的！

第四章

第一节　初涨上升形态个股的选择

初涨上升形态个股，可以分为两种：一种是大跌以后出现止跌阳线，这根阳线的实体越大，反转的概率越大；另一种是平台突破当天出现一根创新高大阳线，这根阳线必须是收于最高位的光头阳线，是最强势的阳线，留有上影线的阳线就不好。

股价下跌后大阳线突发型。这一类个股在启动行情大阳线出现之前，一定有过一波下跌，如果没有这根标志性的大阳线出现，什么时间下跌能够结束是未知的，甚至可能会一直延续下去，而一根大阳线的出现，会改变下跌趋势！

688365 光云科技，2020 年 5 月 14 日之前的五个交易日，连续下跌了五个交易日，只不过每一根 K 线的实体都不大，5 月 14 日出现了一根涨幅为10.01%的大阳线，反转了跌势。第二天主力再接再厉，再次成立一根 20%涨幅的大阳线，直到第三天才见顶回落。

以图 4-1 为例：

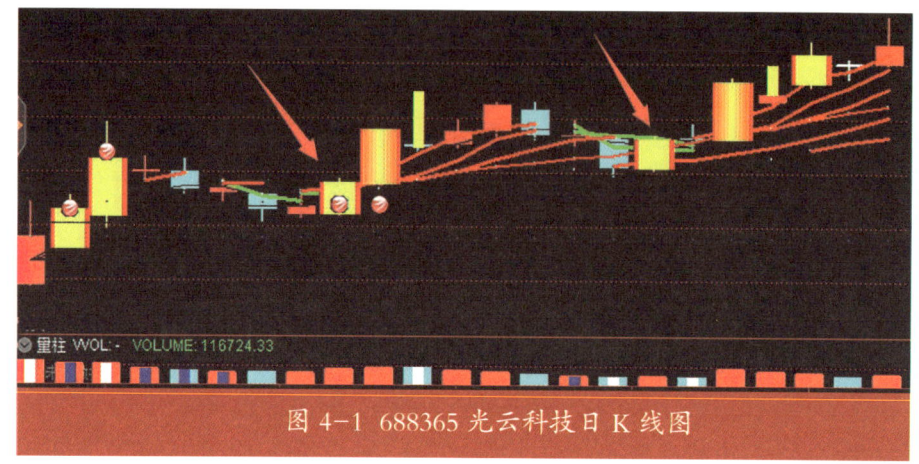

图 4-1　688365 光云科技日 K 线图

光云科技在 2020 年 5 月 14 日的前三个小时中，走势并不出彩，13 点开盘之后甚至是一直下跌的，14：26 是个非常好的买点。从这只股上，大家应该可以接受一个观点，预判是件不靠谱的事情。只有心中无股，才会时刻关注整个板块的异动股，看到异动股，在合适买点及时参与，是最佳选择。

最重要的看点是，不管行情是低位启动，还是在大平台上走三浪主升行情，启动日的阳线必须要大，最好是 10% 以上。

笔者的前两本《涨停启动》书中，讲述的主要内容就是，牛股启动行情，一定是用一个涨停板作为标志的。因为参与注册制个股的主力游资，包括机构，都是主板交易中的佼佼者，他们在长期的交易中形成的看盘习惯已经深入骨髓，对牛股的启动形式，已经胸有成竹，非此不可。

所以科创板牛股启动日的阳线涨幅，都是很可观的，如果是低位但是阳线却不够大，那么后市出行情的概率就很小了，有很多 4%、5% 涨幅的个股，第二天都是下跌的。

以图 4-2 为例：

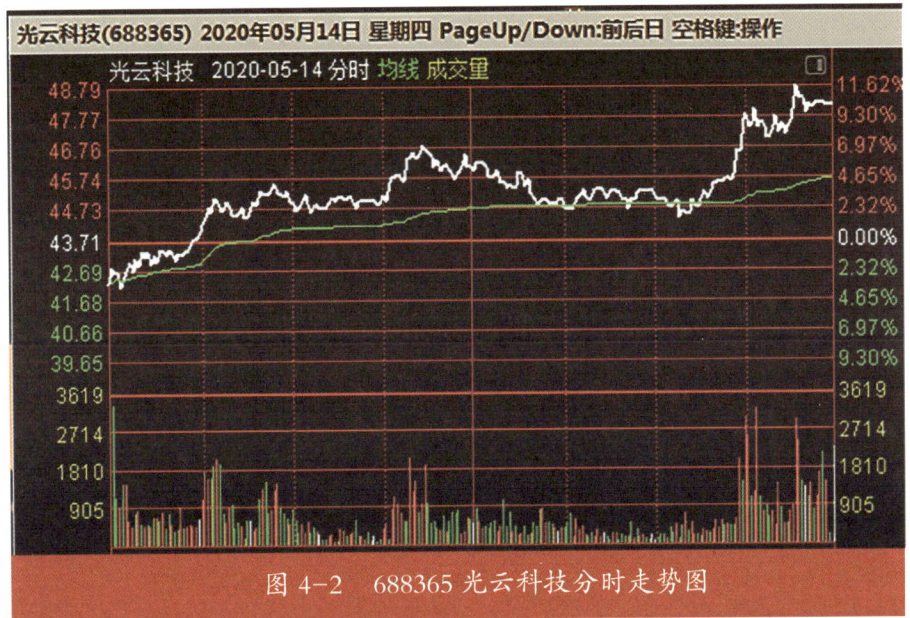

图 4-2　688365 光云科技分时走势图

　　688026 洁特生物，2020 年 2 月 28 日突发一根 20%涨停板巨阳，之前该股是一直下跌的，就是这么一根长阳改变了趋势，产生了一波涨幅可观的反弹行情。以图 4-3 为例：

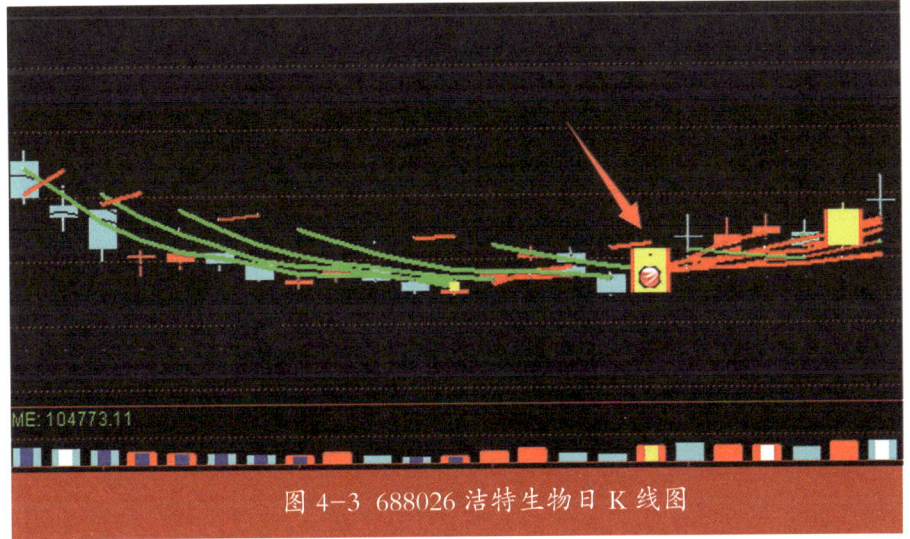

图 4-3　688026 洁特生物日 K 线图

从下面的分时走势图上我们看到的是，该股是 13：30 放量启动的，尾盘报收涨停。

以图 4-4 为例：

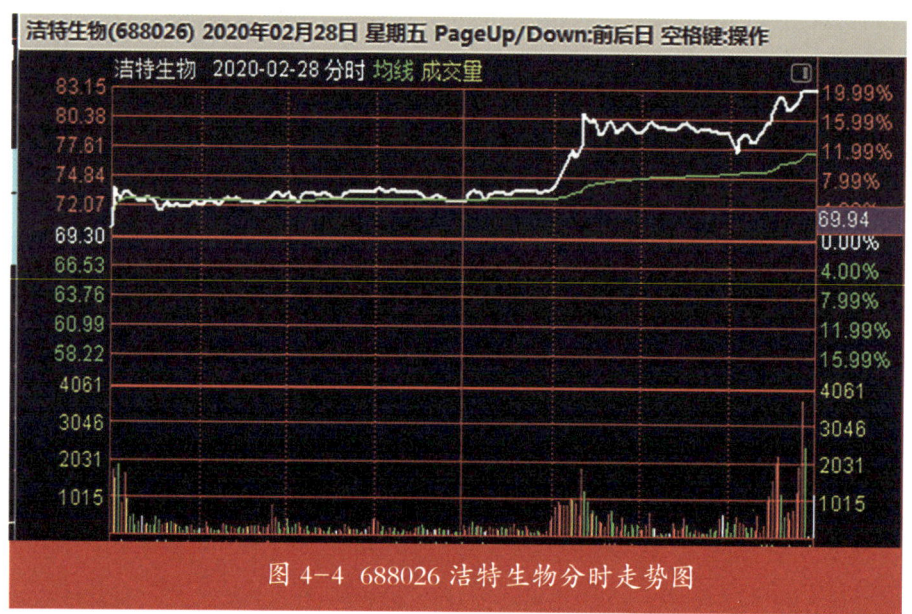

图 4-4 688026 洁特生物分时走势图

688368 晶丰明源，2019 年 12 月 9 日，在长期下跌之后突发光头大阳线，当天的阳线涨幅达到 11.67%，是底部确立的一根标志性阳线，尽管第二天收出的阳线带有上影线，但是因为那根阳线，启动反弹行情的确定性太强，所以这根上影阳线并没有导致初起行情夭折，这就是启动阳线要大的理由！

以图 4-5 为例：

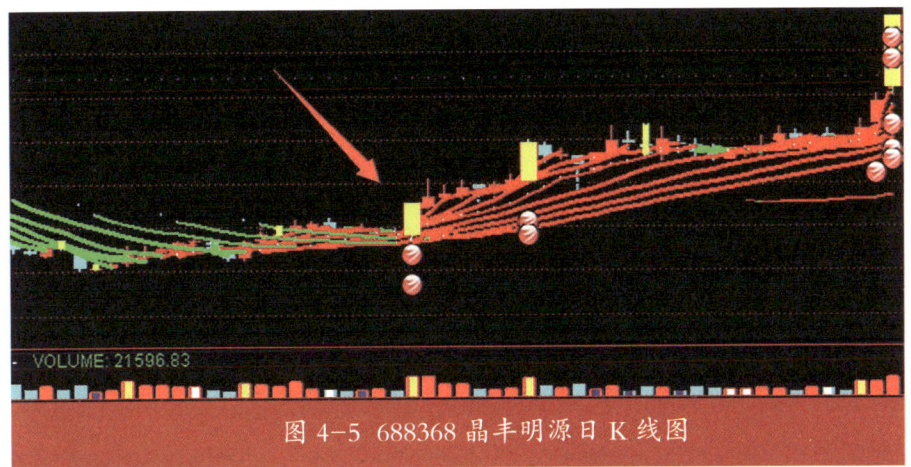

图 4-5　688368 晶丰明源日 K 线图

下面我们再来看一下当天的分时走势和买点。最有确定性的买点是
14：27，在放量突破之前的任何时间买入，都可能遇上股价下行的风险，
而股价一旦下行留下上影线的话，第二天会产生亏损的概率很大。因此，
为了保证买对，贪小便宜过早买是不可取的。以图 4-6 为例：

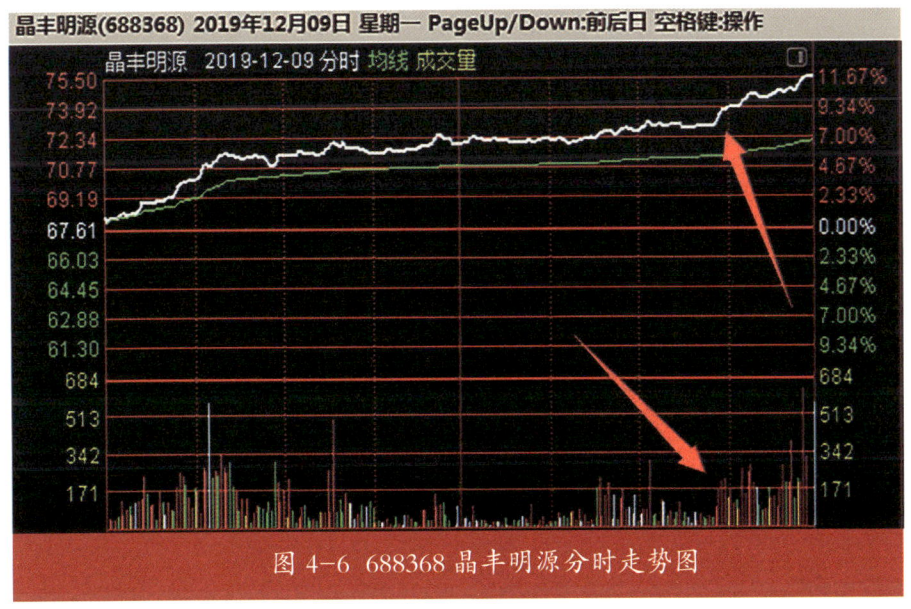

图 4-6　688368 晶丰明源分时走势图

688012 中微公司，2019 年 12 月 25 日，该股收了一根涨幅为 12.52%
的光头大阳线，确立主升浪的开始。之后的走势就是不停涨、涨不停了。如果
你是长线持仓者，一路持有不卖，这一波行情下来的收益，是非常丰厚的！

以图 4-7 为例：

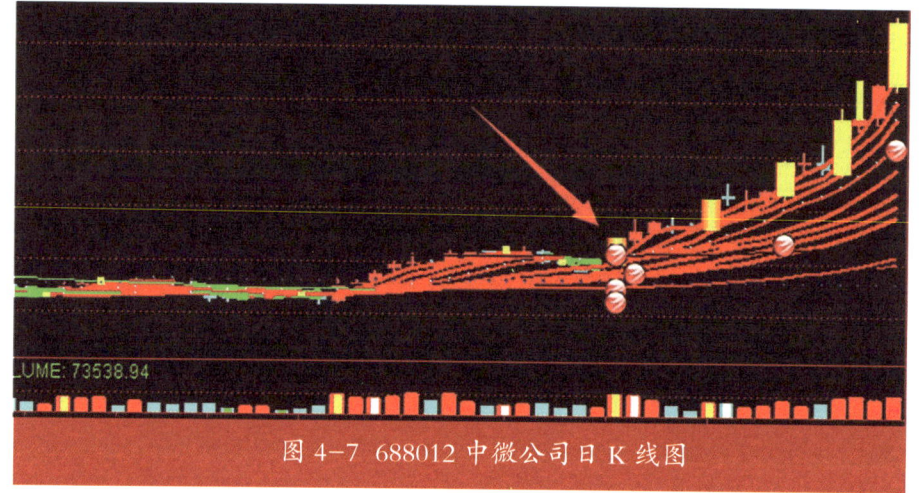

图 4-7 688012 中微公司日 K 线图

从下面的分时走势图上，我们可以看到的是，10：03 的平台突破，已
经是一个很好的买点了，但是为了防止股价可能会出现的冲高，最安全的买
点，我选择在 14：42，这期间的放量上攻，一定是会收在最高点的，突破收
光头阳线，在注册制的科创板，次日获利的概率最大，但是在主板就不行。

以图 4-8 为例:

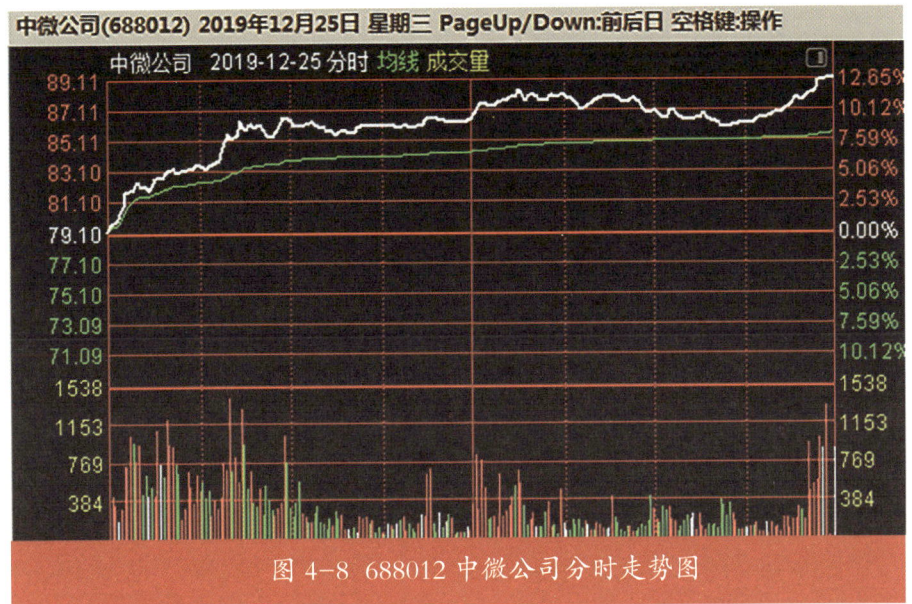

图 4-8 688012 中微公司分时走势图

　　688025 杰普特，2020 年 5 月 26 日，在连续下跌后的小平台位置突然大幅上涨，开盘放量上涨至涨幅 6% 后，主动横盘，在将近两个小时的时间段中，股价紧贴均价线小幅波动，可见主力操盘手控制股价波动水平一流。能够遇到这种水平的主力操盘手主持盘面，是跟风交易者的幸运，最怕的就是那些有钱拉高，却没有能力维持股价的"二把刀"，最后导致股价忽上忽下，弄伤了人心，功亏一篑。

以图 4-9 为例:

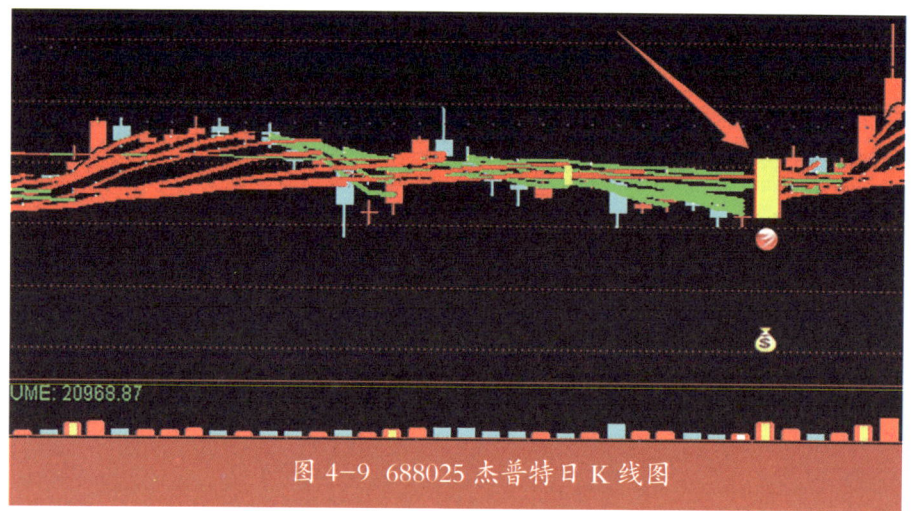

图 4-9　688025 杰普特日 K 线图

该股 5 月 26 日分时走势堪称最经典的平稳走势,除了开市后前 15 分钟之外,平平的横盘稳健地上升,几乎没有大波动,这种走势是主力用钱、用筹码堆出来的。以图 4-10 为例:

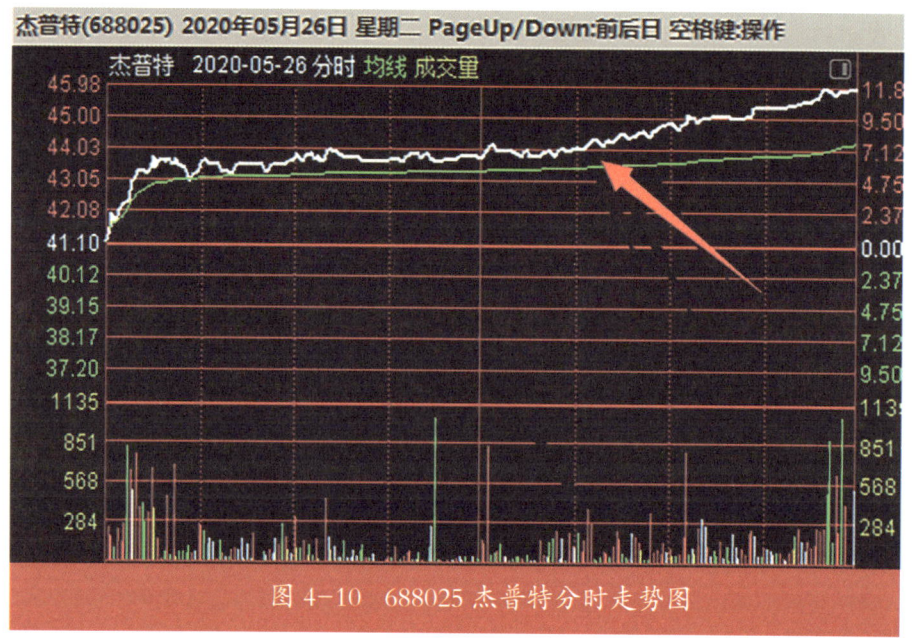

图 4-10　688025 杰普特分时走势图

688037 芯源微，2020 年 1 月 16 日的 20％涨幅的涨停板，是一颗开始发动主升浪行情的信号弹！

从该股在主升浪之前的走势看，该股主力早已吸筹完毕，走势已经像是一只庄股，天天收十字星，是标准的庄股走势，等待的就是发动主升浪的天时地利人和，1 月 16 日的这一根阳线，就是开始走主升浪行情的一颗信号弹。

后市虽然走势一波三折，但是上升趋势保持直至见顶为止。买在启动当天无疑是最主动的，买入位置选在价格尚在低位附近，在任何一次交易中都是最重要的，这至少能保证不会因为买错而遭受到太大的损失。

以图 4-11 为例：

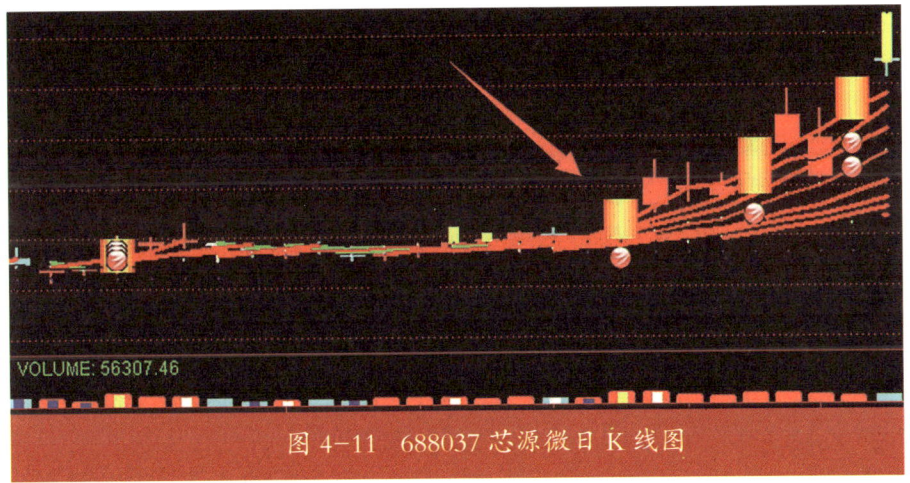

图 4-11　688037 芯源微日 K 线图

从 688037 芯源微 1 月 16 日的分时走势看，最佳买入点是在 9：44 的小平台突破位置，这时候的涨幅是 4.30％。就是从 9：44 开始，出现的放量动作导致了股价的直升，除了这个点位，在其他位置的买入，在我看来都是有风险的，14：18 就出现过一个跳水动作。

任何一只放量启动的个股，都有冲高回落的风险。放量，本身就是买卖双方对今天的上涨行为有巨大分歧的外在表现，现在有融资也有融券，从新股上市的第一天开始，交易规则就允许融券做空了。

　　所以买对的关键，是你在买入后要有做对的高概率，如果股价已经远离均线，没有把握，那还不如再等等，等一个有上升确定性合适的买点出现，再去买入，这个买点一般会出现在最后一小时，甚至最后半小时。这个时间的买入，相对再出现冲高回落的概率很小，如果之前是量芝麻点，股价一上升就出现大红柱成交量，股价收在最高点或附近是可以预期的。

　　因此，该股第二个确定性的买点，出现在 14：50。

　　以图 4-12 为例：

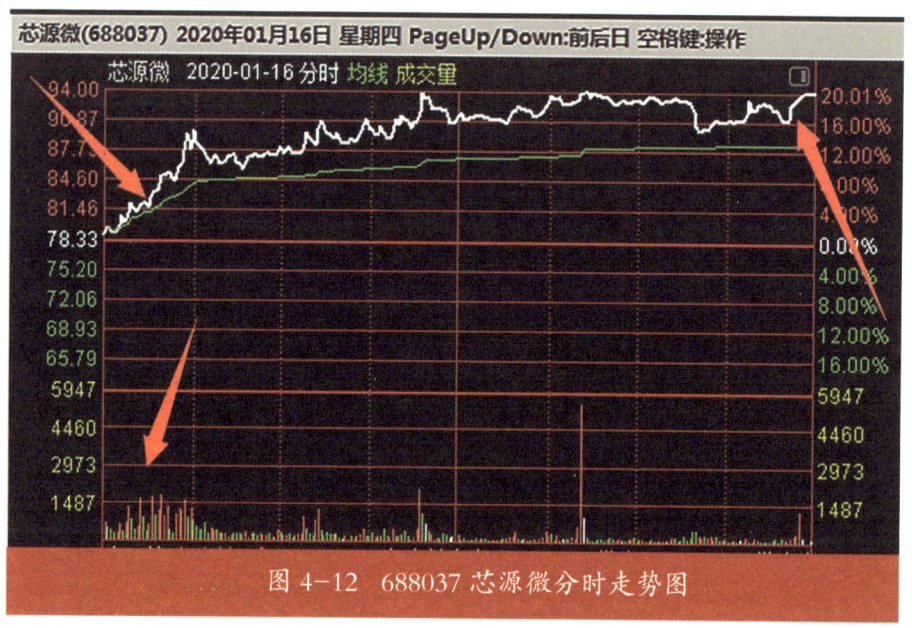

图 4-12　688037 芯源微分时走势图

　　688021 奥福环保，2020 年 5 月 29 日的一根 20％涨幅的涨停板，开启了该股的主升浪之旅。短短五个交易日，最高振幅达到了 109％！当然，能吃尽一波升势的人，一定要有一颗大心脏才行，我在这只股上赚得就不多，因为我是做短线的，奢望暴利，吃尽鱼头鱼身还不愿意放弃鱼尾，不是我的风格，一只个股一只个股地去赚，积小利成暴利才是我的追求。

以图 4-13 为例：

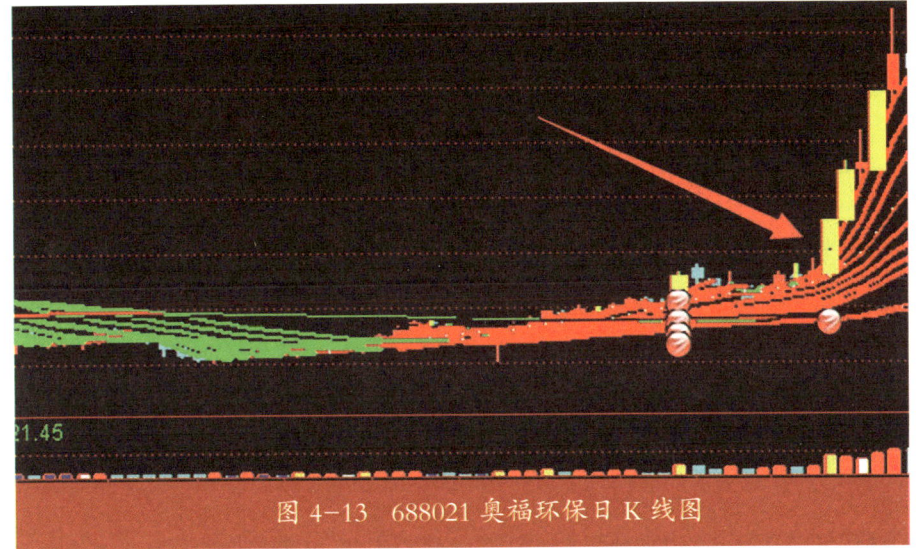

图 4-13　688021 奥福环保日 K 线图

从下面的分时走势图上，我用红色箭头画出了两个买点，第一个是低位刚向上突破的买点，这无疑是一个很好的买点，很多当天收出大阳线的个股，其分时走势都极为相似，都大同小异，所不同的是，启动在低位的个股，其收盘涨幅相对有保证一些，如果在之前已经有过涨幅的位置，那么早市如果出现放量上升动作，大概率是失败的！

因为在高位主力要想接下那些做空筹码，是需要有足够多的钱才能够做到的，那些高位横盘至末端，股价终于选择了下行，就是因为主力资金不够而放弃了护盘，作为跟风散户一定要有跟对"庄"的觉悟。

主力操盘手的能力悬殊，有资金却没有能力的傻庄每天都有，凡是早市急升、尾盘跳水的个股，都是这一类"操盘糕手"所为。跟风者的觉悟，就是从分时走势中去辨识主力操盘手的能力，水平高的主力操盘手运作的分时走势，一定是流畅完美的，横盘一定在均价线附近，上升后一定不会出现股价大回落，有下跌苗头他也会力挽狂澜，不仅救股价于大幅回落，甚至会创出新高！

作为跟风者，主力的心思你别猜，不预判只尊重现实，股价跌就是跌，不要去猜可能会在什么价位止跌，有这种预判，并且相信这种预判一定会成立，真的是一种害人不浅的坏习惯。

奥福环保是科创板个股中不多的几只早市封板的个股之一。当时早市的低位买点我也错过了，最后只能在 11：30 前排板涨停价，下午成交的。

从表面上看，我买的是 20% 涨幅的最高价，但是这么买的好处是，第二天一定可以赚到钱！

以图 4-14 为例：

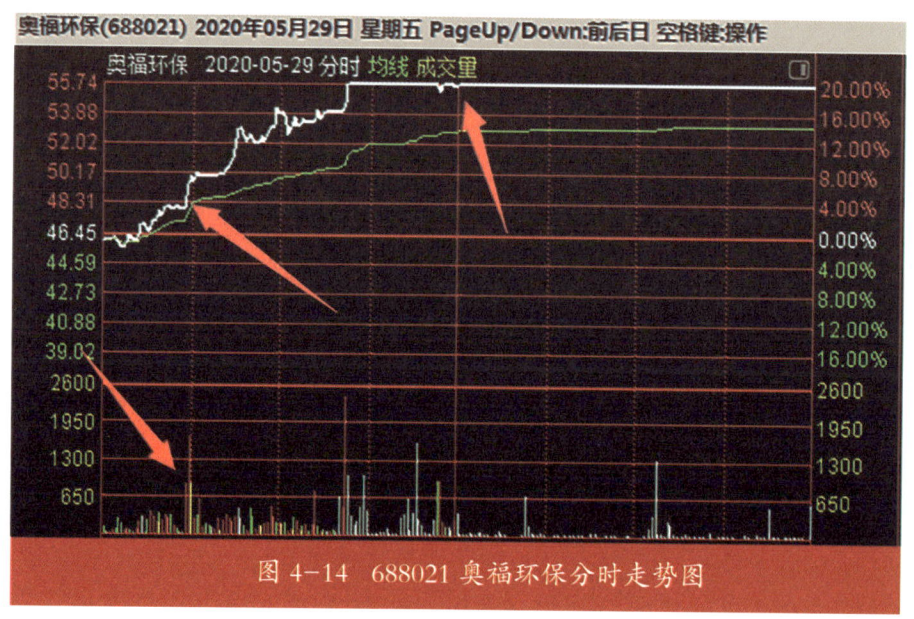

图 4-14　688021 奥福环保分时走势图

688399 硕世生物，在 2020 年 2 月 4 日见顶以后，一直处于下跌不止的状态中，直到 4 月 16 日再出一根标志性大阳线后，才走出了一波大升浪。

从基本面角度讲，该股是科创板所有个股中市盈率最低的，没有之一。也许之前的一波下跌，是主力的阴谋也未可知，但是合格的交易者是不作预测的，因为走势是不可能正确地去预判的，面对现实才是一个高手的正确态度。

以图4-15为例：

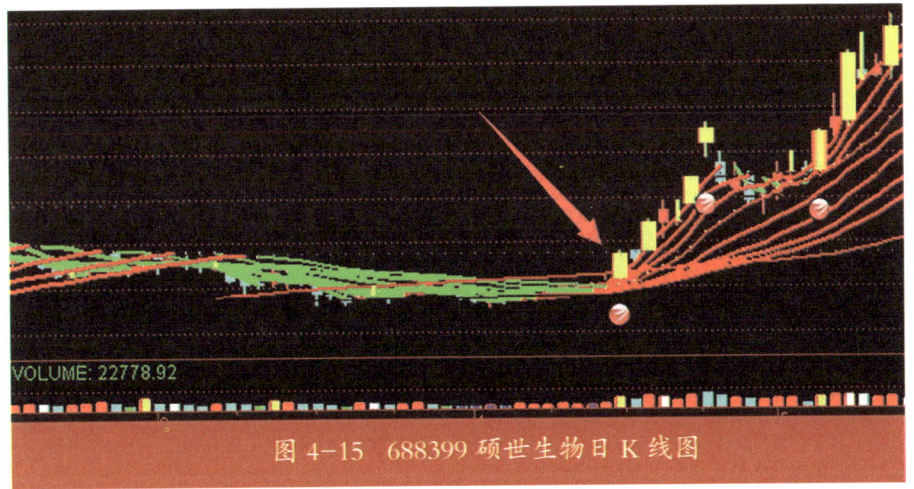

图 4-15　688399 硕世生物日 K 线图

从下面硕世生物 4 月 16 日的分时走势图上看，10:03 结束横盘出现第一放量红柱时间，是一个最佳的低位突破买点，如果你认为还不能确定当天升势是否一定能够成立的话，适当地建上一些仓是应该的。

当然，第二个买点虽然成本高了一些，但其确定性可以提高到 90%，选择在这个时间买入，几乎是没有回落的风险存在了。

因为我之前一直做的是打板交易，最擅长的又是做首板，我熟知一浪反弹首板和三浪主升首板的技术形态特征和分时走势中最具有买对确定性的买点，又有严格的纪律，因此做对是应该的。

如果想成为交易高手，建议有兴趣的读者朋友，可以阅读我之前已经出版的两本书——《涨停启动：抓住主升牛股》《涨停启动：抓住连板牛股》，学

习我的"内功"心法，深刻了解买对一浪反弹首板和三浪主升首板的技术秘
诀和相关交易技巧。

以图 4-16 为例：

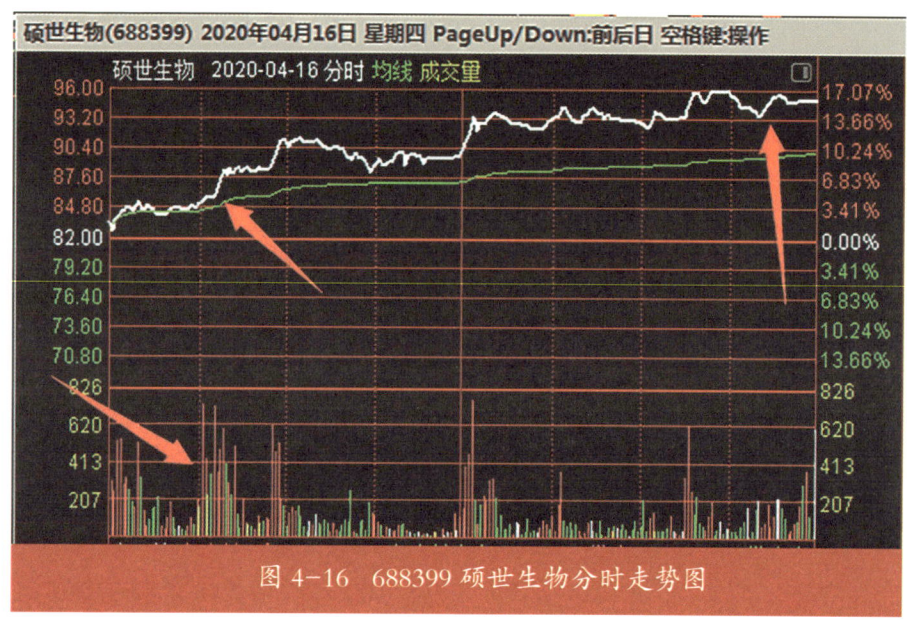

图 4-16　688399 硕世生物分时走势图

第二节　上升三浪股的辨识和交易技巧

我注意到这么一个现象，在牛股行情成立之前，股价一定是经过一个下跌阶段的，而且这个筑底阶段不是一两天就可以完成的，预判先去逢低买入像守株待兔一样不明智。

在个股反弹一浪完成后，先去逢低"埋伏"式地建仓，同样不是个值得赞赏的方法。因为没有人可以提前知道，这只个股是否还会有后续升势出现，一泄而去的见顶个股不在少数，被埋在里面欲哭无泪的人不计其数。这种人就错在自己交易技巧的失误上。

上升三浪的启动买点，相对反弹一浪启动日判断，要更容易一些，只要盘中股价创出新高，当天走出三浪启动日行情的概率就很大了。

判断当天是否能够成立三浪启动，最重要的信号是当天成立阳线的力度！是否出一根有力度的 K 线，是很重要、很关键的，研判后市发展就是从这一点上去作出结论的。如果你的交易能力足够强大，可以因为能够正确预判，选择在早市低位买，也可以为了保证确定性在尾盘买，不管你采用哪一个买点，目的性是非常明确的，即该股当天必须收一根光头大阳线。

688111 金山办公，从 2019 年 12 月 9 日开始，就走出了一波有三浪结构的行情。

因为一浪启动日的 K 线不大，启动力度不够，因此后市的七根阳线，都存在着力度欠缺的问题，尽管如此还是打出了一浪反弹的高度。

一浪反弹行情的高度很重要，没有一定的高度，主力操盘手万一失手，会导致股价再回原点，如果一浪反弹失败，就没有了后市走三浪的希望。

　　因此在选择买点的时候，一定要把当天是否能够成立光头大阳线，作为先决条件，也是最重要的条件去考量。

　　以图 4-17 为例：

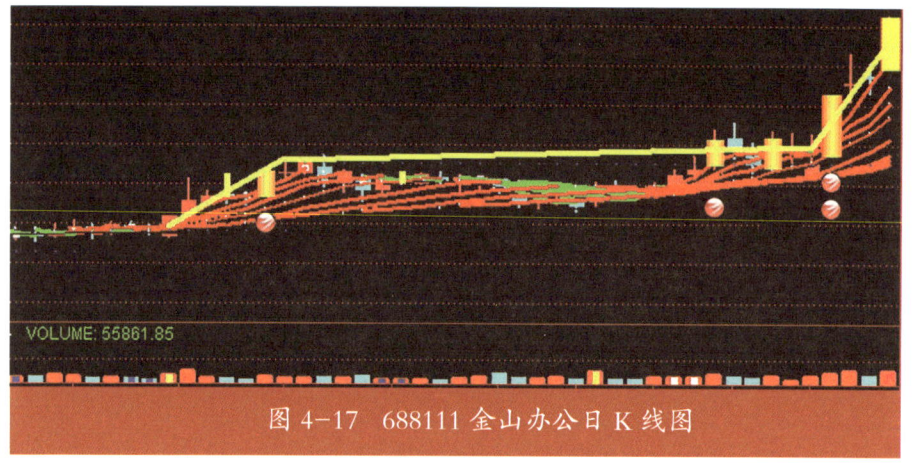

图 4-17　688111 金山办公日 K 线图

　　在金山办公 2020 年 2 月 4 日的分时走势图上，我们可以看见的是该股的每一次放量行为，都发生了一次价格突破，突破上一个股价平台，价格和成交量创新高，能够同时创新高是一只个股有主力运作的重要标志，凡是分时上走出这种走势的个股是真正的好股，是值得关注并且可以寻找合适买点介入的好股。

　　平时在我们看盘的过程中，在技术形态好的前提下，这种分时走势的个股，是最好的标的，可以早一点在低位买入，比如该股 13：01 的买点。

　　第三个买点其实已经可以肯定这波的上升，是一定会去封板的，如果你不恐高，重仓买在这里是最对的。

　　以图 4-18 为例：

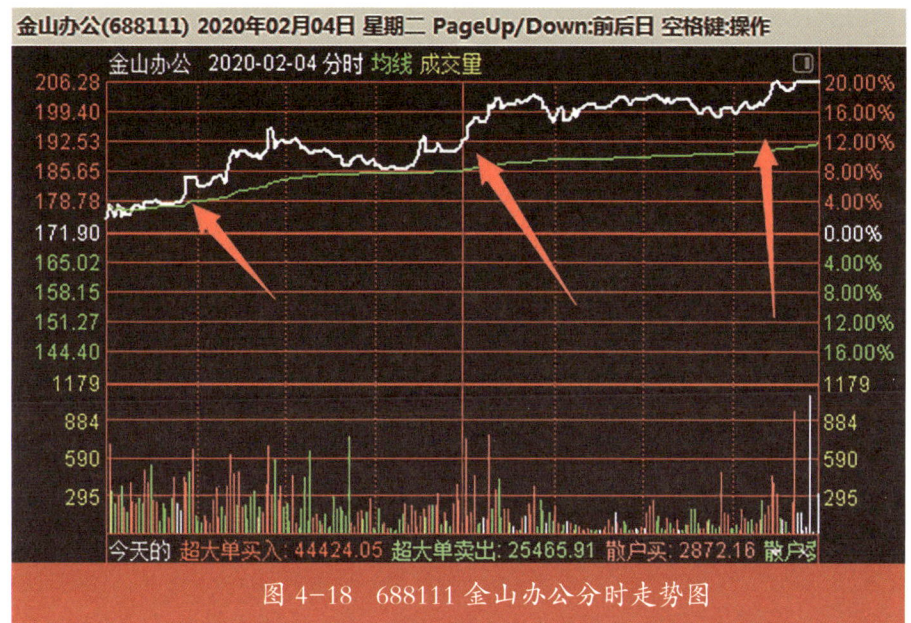

图 4-18 688111 金山办公分时走势图

688037 芯源微，2020 年 1 月 16 日，成立一根 20％涨幅的大阳线，是主力早已高度控盘的走势进入了主升状态。这一天无疑是最好的介入良机，时间成本最少，获利最快速。

是否有胆量去买这种类型的个股，主要牵涉到个人的投资理念，逢低买入者认为这种追高是"接盘侠"行为，是不屑一顾的，但是如果你不带偏见，认真把科创板个股全部看一遍，就不得不承认，这种交易技巧是赚有确定性的快速收益的唯一途径。

以图 4-19 为例:

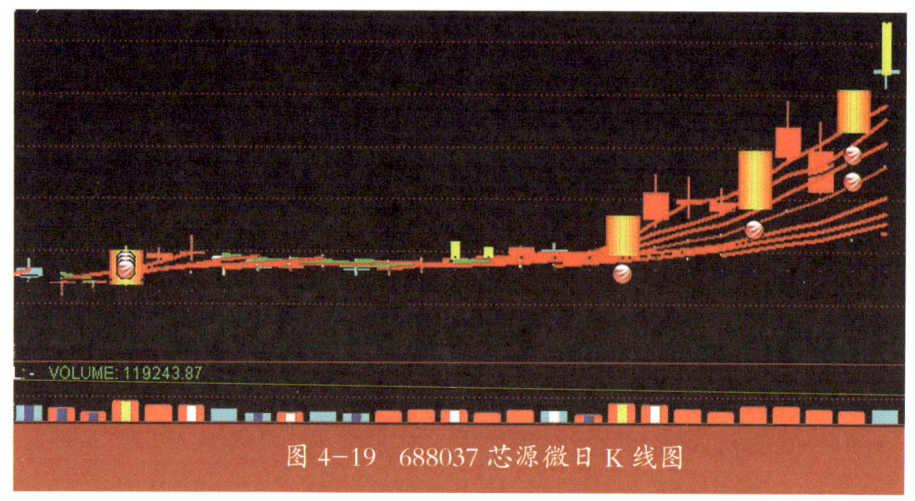

图 4-19　688037 芯源微日 K 线图

从当天的分时买点看，第一个无疑是最好的，9：45 的涨幅仅 5.39%，如果你对自己的能力有信心，就应该在这个位置先买入至少一半的仓位，然后在尾盘加一半仓。第二个买点虽然看起来高了一些，但是必赚是一定的。

在主板打板久了的我，反而更喜欢在尾盘买，这么做的好处很明显，股价买了即封板，不用再去担忧股价有冲高回落的风险。

我认为在技术能力范畴内，对个股技术形态的研判能力非常重要，当个股早市初涨时，立即可以预判出当天可能成立的收盘 K 线，是一种绝对能力。如果达不到或者做不到，那就老老实实到尾盘去买，这么做虽然买入价高了一些，但买的是确定性，买的是安心。

以图 4-20 为例:

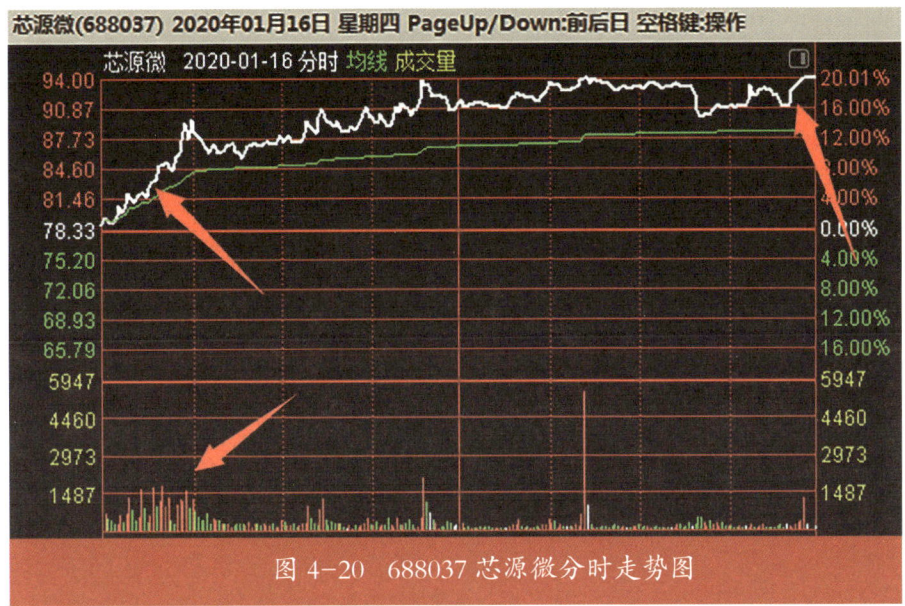

图 4-20　688037 芯源微分时走势图

688126 沪硅产业,2020 年 4 月 28 日,是该股上市后的第五天,该股早市就创出了上市新高,当天报收了一根涨幅为 15.14% 的大阳线,开始了第一波主升浪。以图 4-21 为例:

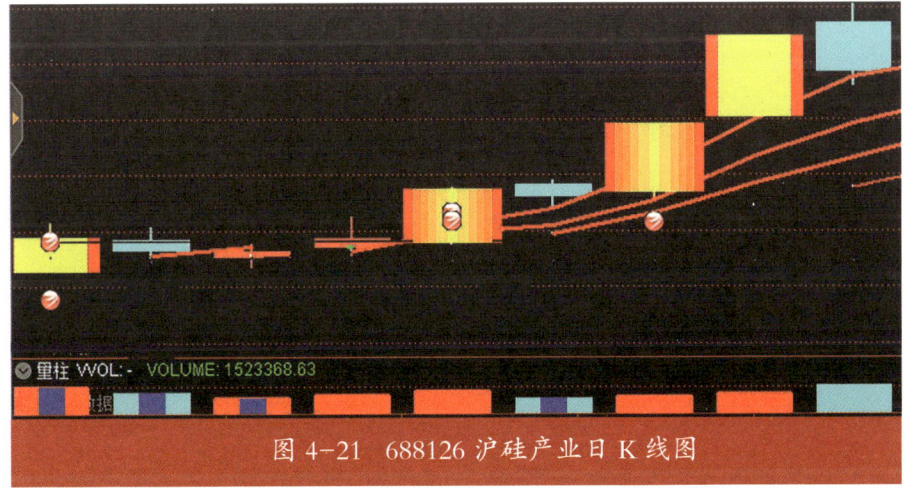

图 4-21　688126 沪硅产业日 K 线图

从下面的分时图上我们可以看到，该股的第一个买点之所以高了一些，是因为开盘曾经出现过一波杀跌动作，之后又是绿柱多且缩量，在这种虽然日K线技术形态好，但是在分时走势不明朗的状态下，过早买入是不可取的。

有很多的股例，就是因为空方打压力度太大，而导致突破失败，被破坏的技术形态，是需要时间去修复的，如果你被套其中，除了资金被关，还会严重影响你的交易情绪，让你郁闷不欢是一定的。

经常被负面情绪笼罩的人生是不幸福的，所以你要尽量做对，让自己的资金不被套牢，这是必须做到的！

以图 4-22 为例：

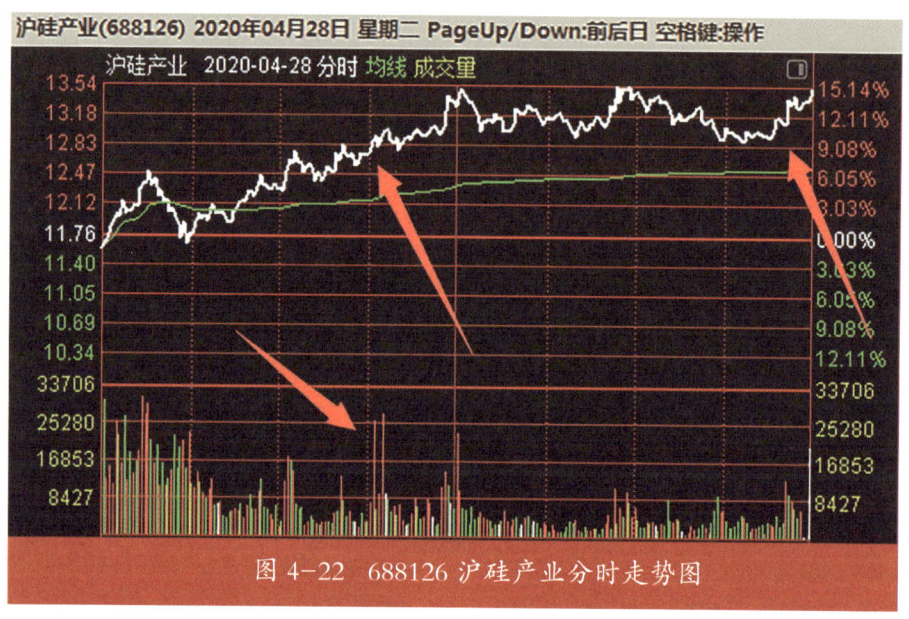

图 4-22　688126 沪硅产业分时走势图

688126 沪硅产业，是科创板上市公司中最特殊的一只股票，该股发行价格仅 3.80 元，又有一个主业硅片大题材风口，从上市之初，应该就有主力在建仓吸筹，主力急不可耐地在上市仅五个交易日，就开始进行第一波主升，之后又控制着上升节奏，一波一波地推升着股价的上行，一直到股价达到发行价的十倍才见顶。

罕见的股例，是值得我们重点研究的对象，下面我们再看一下该股的第二波主升浪的启动和卖点。

沪硅产业的第一主升浪，罕见地升幅达到了60%以上，总共出现了三根20%的涨停大阳线，证明买入创新高进入主升浪的个股，比买入那些低位强势股的赚钱效应，实在好得太多。

以图4-23为例：

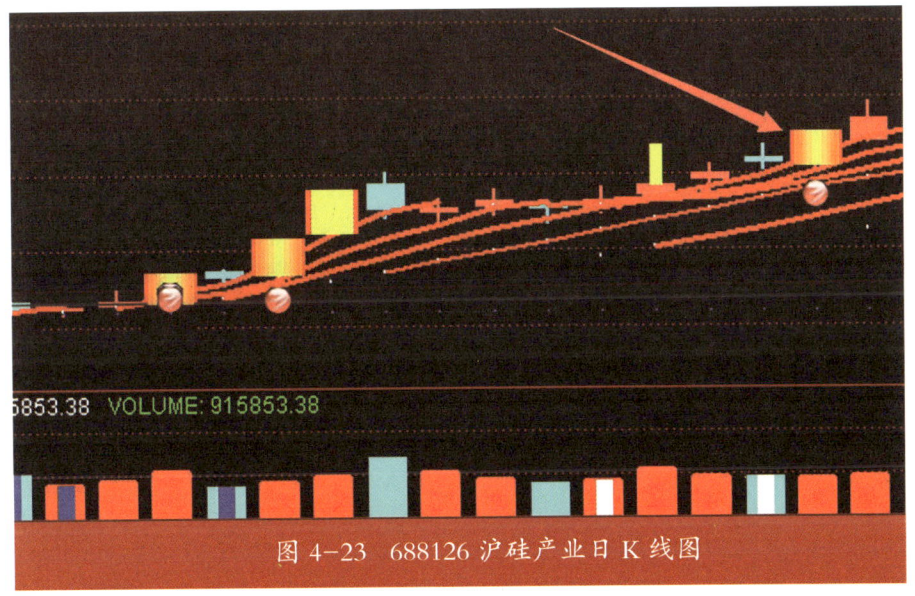

图4-23　688126沪硅产业日K线图

在横盘整理了八个交易日之后，5月19日新的一根上升浪标志性K线出现了，当天股价上涨10.19%。

这一天的阳线实体涨幅，虽然没有达到20%，但是如果买在分时启动位置，当天收益还是很可观的。

注册制个股的可参与度要远胜于主板，因为主板的交易规则，可以在任何价位上打涨停价格，保证自己能够在第一时间成交。如果上方的卖单不太多，股价会直升封板，让你只能后悔手速太慢，与心仪股失之交臂。而注册制的交易规则，有委托价上限不能超过 2% 的限制，因此，注册制交易规则最大的好处是，你可以轻松地买到你想买的好股！

从下面的分时走势图上我们可以看到，虽然此时股价已经有了一大段的涨幅，但是之前的股价忽上忽下，甚至都无法确定当天会怎么走，直到放量突破动作出现，才可以确认当天的大阳线出现是没有问题了。

这个买点距离收盘的时间最近，主力选择在这个时间启动，是在有绝对把握下的动作，这时候他的资金和市场跟风者的资金，是足够推升股价收于最高价的。

以图 4-24 为例：

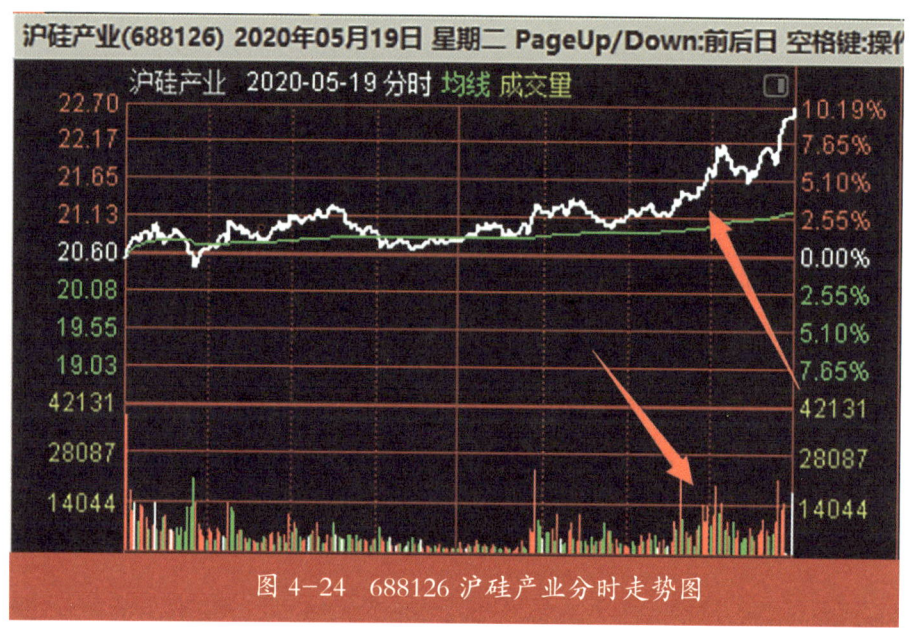

图 4-24　688126 沪硅产业分时走势图

沪硅产业的每根启动阳线都是 20%，相当于主板个股两个涨停的空间，第二天都是冲高回落的。对于没有风险意识的人而言，他看到我这段文字时，一定是耻笑的，"如果是我，我一定不会卖的，躺赢多好"。是的，对长线投资者而言，买到这么一只涨不停的牛股，算是中头奖了，不让它涨到天际去，真对不起自己的幸运，打死也不卖是一定的。问题是再好的票也有见顶的那一天，一个舍不得卖股的人，是一定不会见顶出局的！

作为积小利为暴利的短线交易者，买对是先决条件，没有买对的基础能力，根本不可能给你卖对的机会。某些外行鼓吹"卖对的师傅"，我只能呵呵一笑。买入就被套，哪来卖对的机会？

买入被套的事情，每天在这个市场中发生得太多太多，联系我的粉丝都是亏损族，只是每个人都有自己亏损的原因罢了。其中最多的就是买入被套，冲高不卖是第二种原因，死了也不割肉是第三种原因，除了第一个原因是个人能力问题，其他两个原因都是人性的弱点在作祟。

炒股的过程，每一秒钟都是人性搏杀的过程，恐惧和贪婪是交易者的心魔，因为大部分的人都不能战胜心魔，所以大部分人都是失败者，他们之所以输给市场，就是因为他们不能够战胜自己！

以图 4-25 为例：

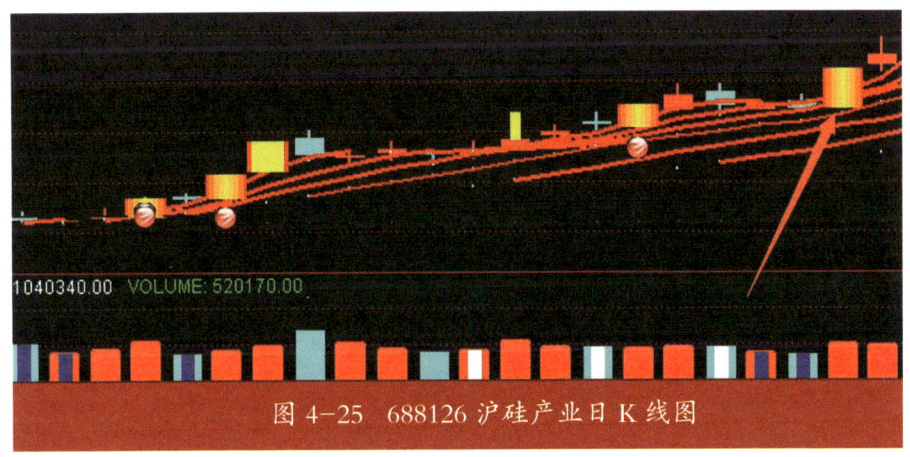

图 4-25　688126 沪硅产业日 K 线图

2020 年 5 月 26 日，是沪硅产业的第三波升浪，当天的最佳买点有两个，第一个出现在 13：02，说明早市在第一个小时放量上涨以后，股价一直在分时均价线上方缩量小幅波动，下跌也止跌于均价线。凡是能够走出这种分时走势的个股，都是有高水平的操盘手在调控盘面的，参与这种分时走势个股，也是最让人安心的。第二个买点出现在 14：19。这个买点虽然要比第一个买点高了一些，但安全性提高了很多，我的做法是在两个买点各买一半仓。我不奢望买在最低卖在最高，放弃鱼头鱼身，只吃中间一段即可，但是必须保证自己吃到，而不是鱼没有吃到，却惹上了一身鱼腥，钱没有赚到反而亏了。

买入理由是，该股创新高后横盘整理三天，上升趋势股的股价创新高，代表着又一波新升浪的开始，参与获利是一定的，选择有确定性的、股价尚在相对低位的分时买点介入，是一个有技术含量的交易技巧，对错是非常考验交易者的能力的。

有心提高自己交易能力的交易者请注意，分时买卖点的选择能力，是整个交易环节中最重要的一环，环环相扣，缺一不行。

平时大家要多注意观察大阳线股，尤其是 20% 涨幅涨停个股的分时启动点，技术共性积累多了，你的能力自然而然潜移默化地提高了，这是一种快速提高自己技术能力的捷径，一般人我不告诉他。

以图 4-26 为例：

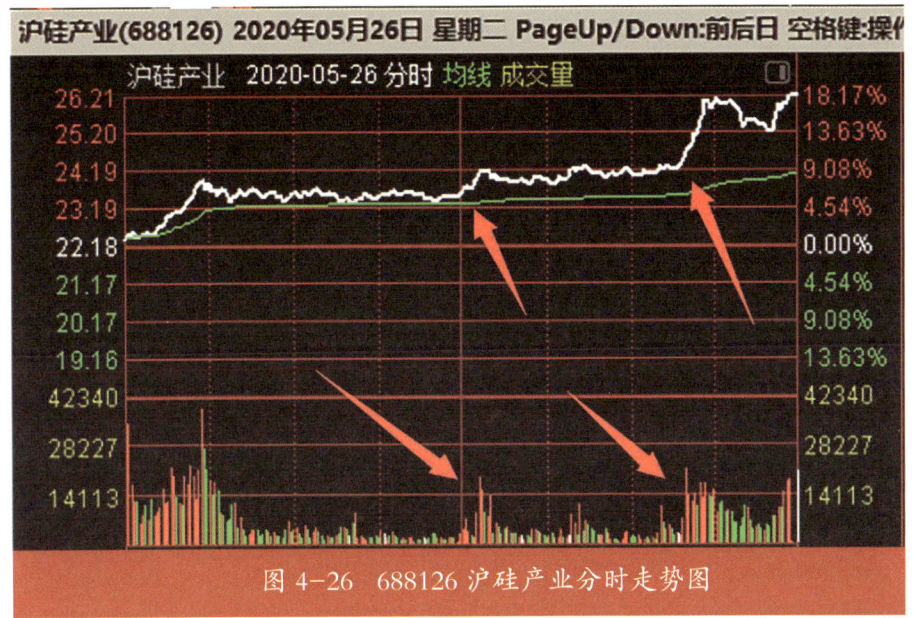

图 4-26　688126 沪硅产业分时走势图

遗憾的是这一波升浪到第二天上午就结束了。说升浪结束，现在看了底牌（后市走势），应该有人会说是杞人忧天，完全没有必要这么做。

恕我直言，上升趋势个股的任何一次分时见顶，都有可能演变成 K 线见顶趋势结束，大牛股虽然不易见顶，但是一旦成立却会是快速下跌的大顶。引发股价快速下跌的践踏出局现象，往往就发生在那些见顶大牛股下跌的第一天。短期涨幅巨大的大牛股，最佳买点是出现见顶 K 线的当天，最佳卖点是当天最高点附近。真正的见大顶次日，股价往往是跳空低开且快速下跌的，因为有心理准备的人，看到股价跳空低开，会立即打低卖出价第一时间出逃。与其这时候与出逃者为伍，还不如在前一个交易日见顶时出局，所斩获的利润要丰厚很多。

股价大幅上涨后是一定会见大顶的，只是任何人不可能预知时间而已，关键是对别人喊的"狼来了"无动于衷，还是自己心中随时有"狼来了"的预警。我们可以不去预测升势什么时候见顶，但是如果前一个交易日阳线太大，而次日的分时走势中，又出现了一个分时放量上涨尖峰，先卖在最高点附近，及时把利润落袋，第二天如果再健康地上涨，买回来即可，不存在踏空。这么做的好处是明显的，当某一天"狼"真的来了，股价见顶跳水了，我是一定庆幸自己卖在了升势的最高点！6月3日该股见顶在37.99元，我卖在37.65元。下面有具体分析，这里我不细讲。

长线投资者与短线交易者的区别在于，长线投资者不在乎股价波动，最后却往往会吐出很大的一块利润，为自己的后知后觉买单。

短线交易者重视积小利成暴利，每天都有新的个股机会，抓住不难，获利不愁；而长线投资者则不同，千挑万选，好不容易才找到并且抓住了这么一只好股，那是必须珍惜而抱住不放的，不见大顶是不可能让他卖出的，而大顶的确立，一般要回落30%以上！在心态上，短线投机者提心吊胆，唯恐与应该可以到手的利润失之交臂；长线投资者买了就不卖了，管他股价涨与跌。

沪硅产业5月28日的一根长阳，吞噬了前一天的上影线，又出了一根13.10%涨幅的光头阳线，此形态标志着升势未尽，值得再次买入，第二天是一定有个大涨幅的。

以图 4-27 为例:

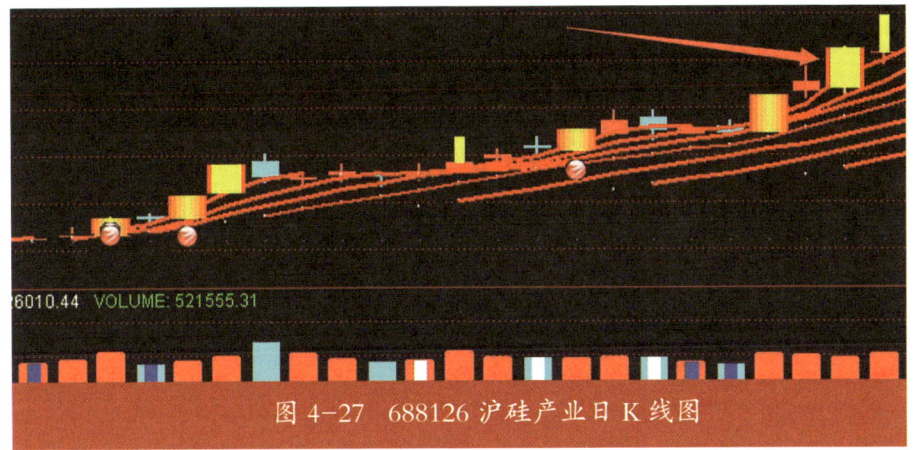

图 4-27   688126 沪硅产业日 K 线图

　　买点的选择很重要，尤其是前一天曾经出现过一根上影阳线的前提下，必须更加慎重。其实该股在 14:00 以前的走势，是很不健康的，股价几次跌穿均价线，甚至有长时间在均价线下方运行的情况，如果股价在 14:00 以后放量跳水也一点都不奇怪。好在下跌是微量状态，结合量价关系，还可以容忍，但是股价会向哪个方向突破是未知的，既然都有可能，观望是最对的事，等向上突破方向成立后再行动也不迟，如果向下就不再观察。

　　沪硅产业 5 月 28 日在 14:14 再次爆发买入大量，预兆着主力又发动了新的一波升势，这时候就要把之前卖出的筹码再买回来，即便是价格略高一些也在所不惜。

　　高手的交易不计较小节，在乎的是现在买进对不对，是不是一定获利，如果答案是肯定的，那买入动作一定是不犹豫的。

　　这是衡量一个交易者的技术能力达到忘我之境的标志。

以图 4-28 为例：

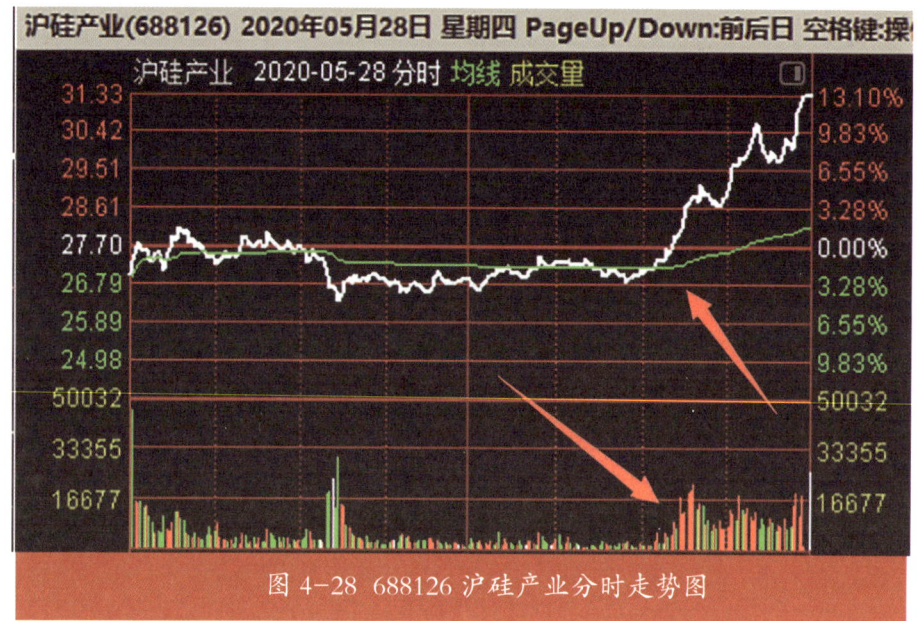

图 4-28 688126 沪硅产业分时走势图

我们可以看出的是，良性调整的股价波动，一定不会上下太过于剧烈，量芝麻点是必须的。只有具备了上面这些特点，才能确定股价的走势是健康的。反之，如果跌放量回升缩量，那对调整的性质，就要警惕是否会走到末端股价跳水了。

上升趋势走到这里，剩下的只有鱼尾了，当然这时候的参与是非常小心谨慎的，仓位也不敢太重，我是在最后见顶的那个交易日的几乎最高位附近出局的。

本来这一章的内容是关于买对的，沪硅产业在这一节中已经有了不小的篇幅，大家一定想知道我这种方法究竟对不对，我就把最后见顶的那一天走势拿出来与大家分享，并且附上卖出成交交割单。

以图 4-29 为例:

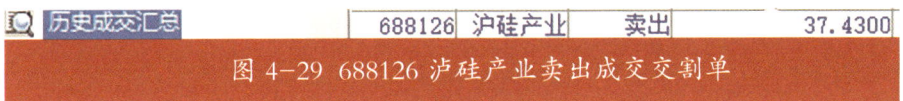

图 4-29 688126 沪硅产业卖出成交交割单

以图 4-30 为例:

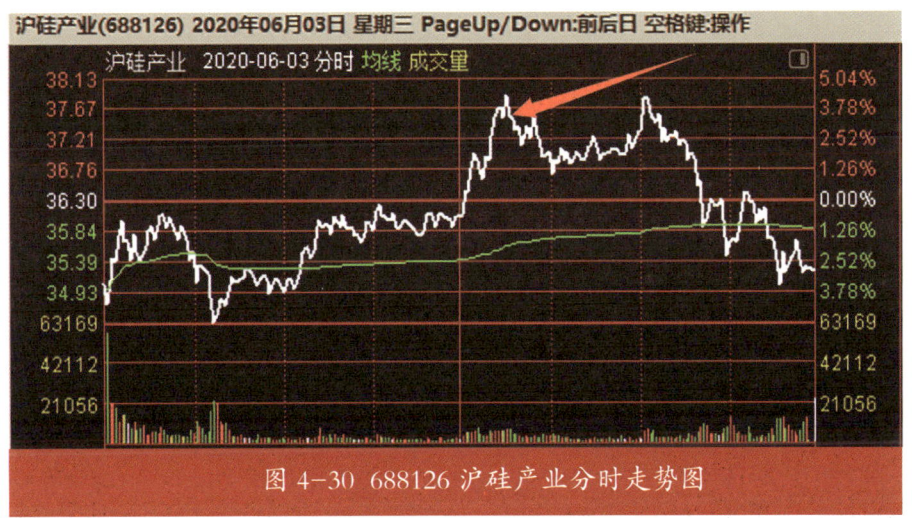

图 4-30 688126 沪硅产业分时走势图

卖对的理由没有新意,我不可能预测到顶在哪里,但长期养成的短线习惯告诉我,就应该这么操作,事实证明我做对了。

早市该股曾经出现过一波跌幅达到 5% 的快速下跌,我之所以没有卖出,是因为之前没有过上升动作,前一个交易日,又是一根尾盘放量急升的光头阳线,我的经验告诉我,不出现一个放量急升尖峰,是不会见顶的。最后说明我是做对了,13:15,股价上升至 4.27%,但是在上涨的 15 分钟时间内,成交量与早市 15 分钟相比,是大幅萎缩的,急升而得不到成交量的配合,这走势肯定是不健康的。于是我在见顶回落时果断出局。

事实上该股是走出了一个标准双顶的,但在成立后立即出现快速杀跌,卖出的应该是主力筹码,当天该股收盘下跌 2.98%,收出一根射击之星的见顶 K 线。

股价上涨到这里，其实已经是发行价的十倍有余了，离 40 元的整数大关亦仅一步之遥，主力将股价炒高至此目标到位，这时候如何将已经获取暴利的筹码，在高位顺利派发，才是件费尽心机的难事，不过从他敢再去力争创新高，最后形成双顶的胆略看，该主力操盘手的水平还是很不错的。

在出现了射击之星见顶 K 线的第二天，股价平开低走杀跌盘汹涌，这时候持仓的敏感者，已经知道股价见顶，争先恐后出逃，先知先觉出局在前一个交易日，无论是卖出价格，还是选择卖出时间都要主动很多。所以我们尽量要通过看盘所积累的经验，培养出自己良好的盘感，在最佳买点和最佳卖点形成固定思维，那么临盘就会快速做出正确的反应。

以图 4-31 为例：

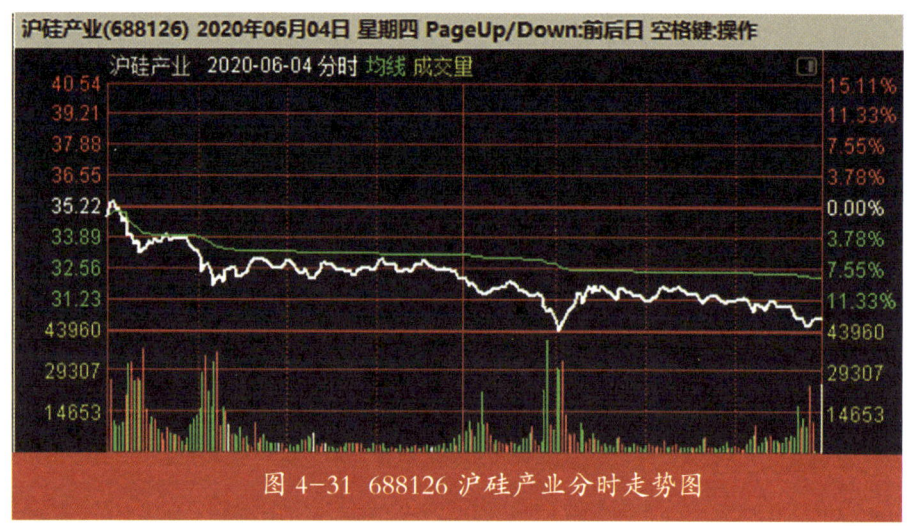

图 4-31　688126 沪硅产业分时走势图

第三节　下跌见底回升股的辨识和交易技巧

688086 紫晶存储，在 2020 年 3 月 5 日见顶之后一路下跌不止，4 月 28 日大跌创出历史新低，9：56 最低跌幅至 −13.15%，可谓是暴跌了。

从事后看，早盘的这个下跌动作，应该是主力的骗筹行为，但是盘中持筹止损卖出者是很多的，也不能说他们的止损行为是错的，此时一定是最恐惧的时候。主力应该正是利用了持仓者人性的弱点，在最低位捡了一批廉价筹码。

上当的人应该有两类，一类是高位被套舍不得割肉出局的人，最后却被恐惧压垮了，其实他们错的是之前一直持仓，而不是今天的卖出，今天的卖出是可以原谅的。

另一类人是股价见顶后的那些逢低买入者，这些人的交易策略是有问题的。股价虽然下跌了不少，但是在跌势未尽转为升势并且得到确认之前，任何的买入行为都是错的！下降趋势在没有扭转之前，也会出现极致的五浪结构。

以图 4-32 为例：

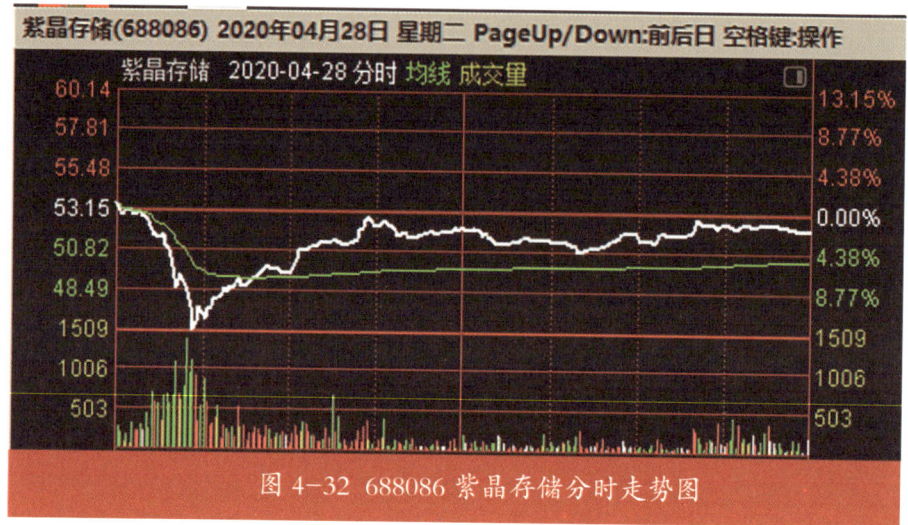

图 4-32 688086 紫晶存储分时走势图

从日 K 线图上看，该股当天收了一根 T 字 K 线，下影极长，在 K 线图谱上，这种 K 线被称为"探水杆"，它的出现探明了底部的位置。于是，一波有力度、有高度的反弹应运而生了。

以图 4-33 为例：

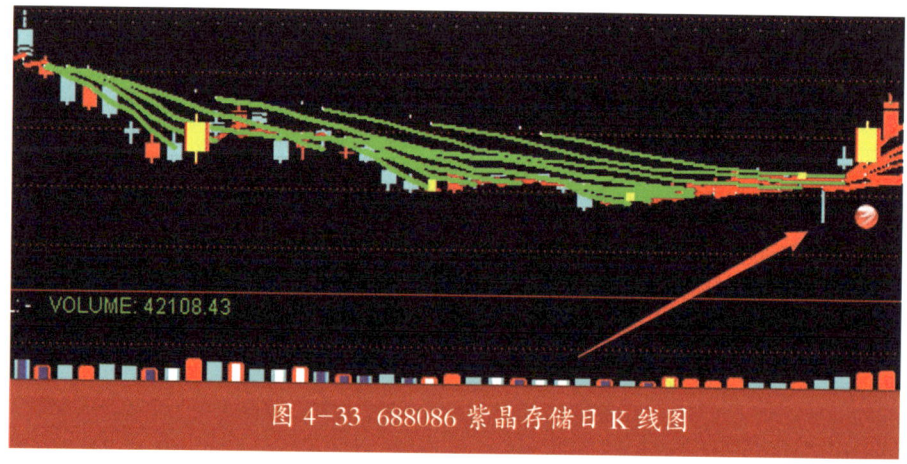

图 4-33 688086 紫晶存储日 K 线图

这是一种比较典型的见底形态，大多数发生在下跌的末端，如果出现，大概率是见底信号，当然，下影线越长效果越好。因为这根长下影K线探明了底部，第二天股价跳空高开，收假阴上涨K线，这种K线出现在这位置，其技术含义是，看好的交易者去积极地买入，而之前被套牢的人却在逢高解套卖出，之前左侧有一个小平台存在，这里应该是堆积了一大帮筹码的。

这天的上影阴线，就是被他们卖出来的，尽管如此却并没有完全封闭当天的向上跳空缺口，第二天的短期均线群开盘就形成多头排列，支持了两天的股价反弹。

688396华润微，新股上市后第三天和第四天，都收出上影K线，形成小双顶后一路下跌不止，直到收出长十字星后，才扭转下跌趋势。

以图4-34为例：

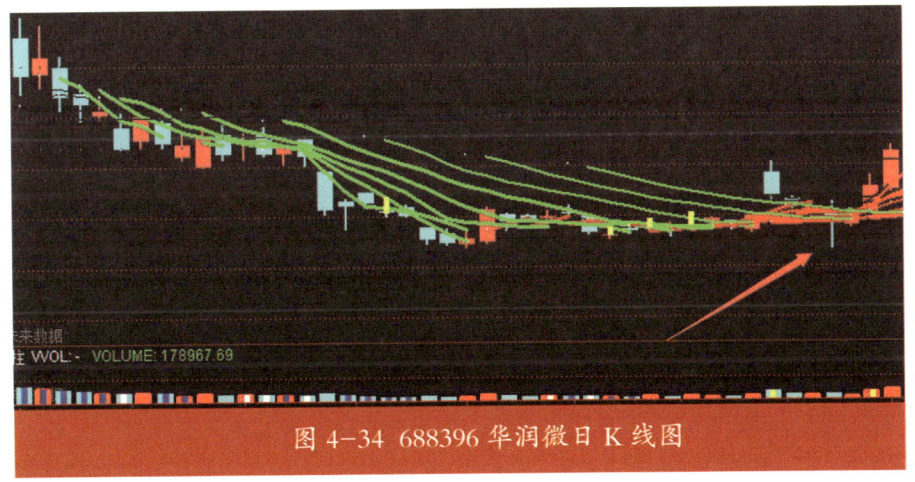

图 4-34 688396 华润微日 K 线图

688012中微公司，在长期下跌之后，弱反弹受阻于60天均线，于是主力在2020年4月28日反手做空，大幅打压股价，但是受到了双重支撑而回升。

第一重要支撑是3月24日的长下影位置，更重要的支撑是处于上行状态下的120天均线。

以图 4-35 为例：

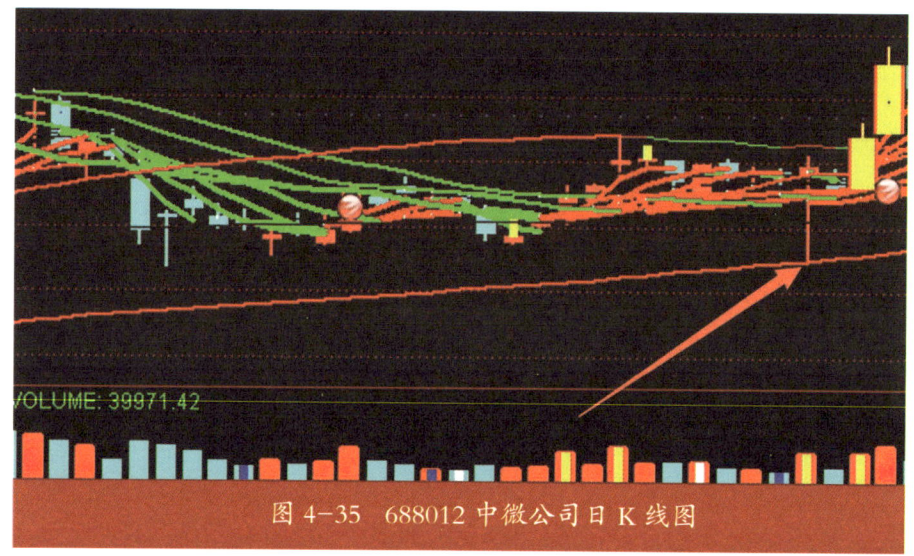

图 4-35　688012 中微公司日 K 线图

　　这根触及 120 天均线上的长下影十字 K 线，宣告了底部结构的完成，股价第二天就爆发大阳线，开始反弹。下面让我们看一下这天的分时走势图。

　　它的时间和走势，与紫晶存储极其相似，似乎是同一个操盘手的杰作，只不过该股走势要远强于紫晶存储，从 10：58 开始，股价已经翻红由跌变涨，之后主力压盘继续洗筹至收盘。

以图 4-36 为例：

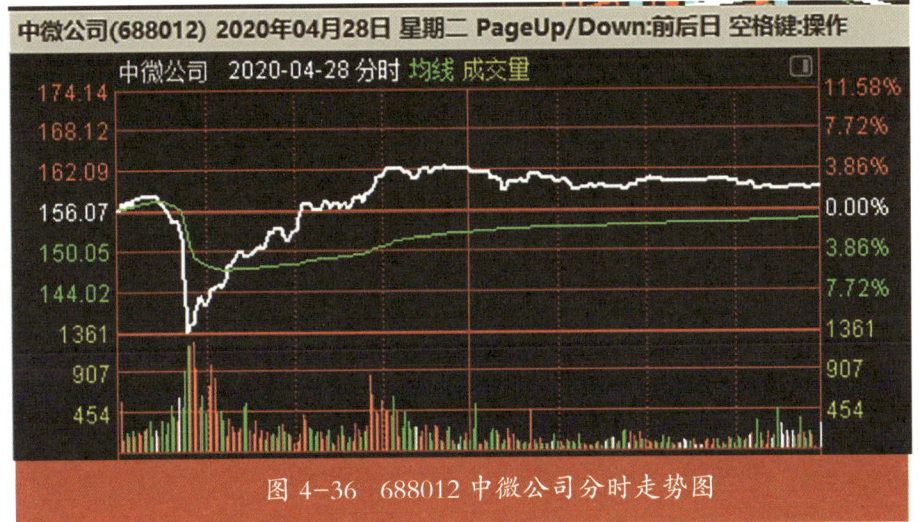

图 4-36　688012 中微公司分时走势图

688088 虹软科技，自从 2020 年 2 月 13 日见顶以来一直下跌不止，4 月 28 日早盘跳水，后收回成立一根长下影阴线，第二天再收一根小十字星，成交量极度萎缩，说明人心已稳，杀跌动力消失，因此在第三天、第四天，连续收出了两根大阳线。

以图 4-37 为例：

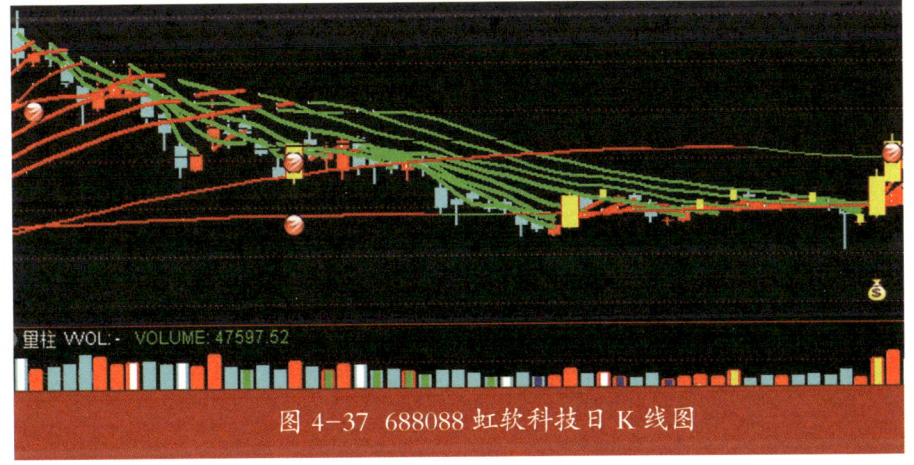

图 4-37　688088 虹软科技日 K 线图

上面举例的个股，早市跳水后回升动作近乎一致，所以为了避免重复，分时走势图就不贴了。

规律：凡是出现长下影 K 线的个股，跳水时间都是在盘后的第一个小时中居多，如果是下午股价放量，那收的就不会是长下影阴线了，而是光脚阴线了。

凡是出现长上影阳线的个股，上影线的分时尖峰，一定成立在开市后的第一小时居多。如果你知道了这个规律，就可以让你少落入主力刻意营造的陷阱。

688123 聚辰股份，该股下跌末端是一根长下影阴线，第一天受均线群压制，再收一根缩量小阴线，第三天、第四天连爆两个 20% 涨幅的涨停板。

以图 4-38 为例：

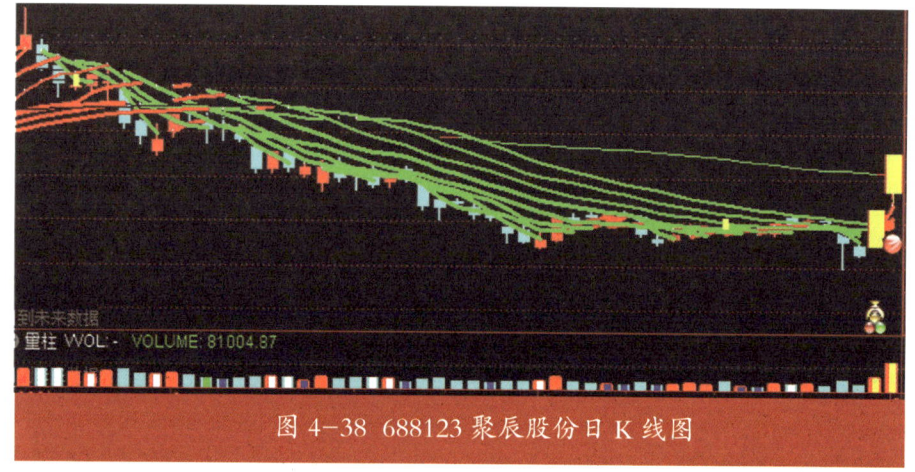

图 4-38 688123 聚辰股份日 K 线图

688200 华峰测控，从 2020 年 2 月 26 日开始，至 5 月 19 日的走势，因为 4 月 28 日的一根阳长下影十字星的出现，形成了 U 字反转，以此日为界，之前在左侧买进的人，他所采取的策略是错误的，在反转之前，是无法预料下跌尽头在哪里的。

认为股价跌得差不多了，去做提前买进傻事的人，基本上都是亏损族，因为他们的交易基础就是错误的，亏损是必然的归宿。

以图 4-39 为例：

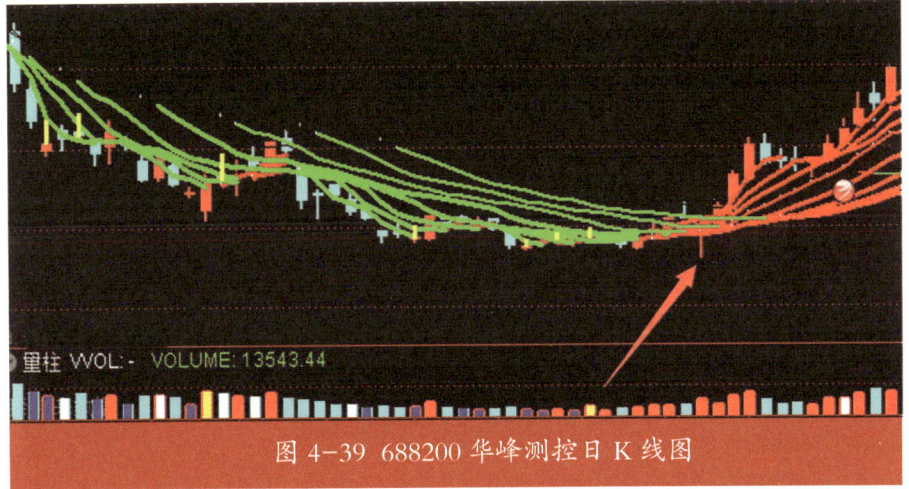

图 4-39　688200 华峰测控日 K 线图

第四节　下降趋势股的强势反转交易技巧

　　个股凡是见了大顶，之后的走势就是漫长的下跌之路，在没有出现明确的反转 K 线组合之前，任何的买入行为都是错误的，都是不可取的。在所有的选股技巧中，选择下降趋势股反转当天的买点，是一门重要的交易技巧。

　　在主板中交易，有个很大的遗憾是，大部分涨停股的封板动作太快，尤其是反转首板，越是技术形态好，越难买到。在注册制交易规则下，这种遗憾就不再存在，因为委托价有不能超过 2% 的限制，因此主板中分时"冲天炮"现象就不会出现，有技术能力的交易者，就不必明天去追高，当天就可以买入。

　　趋势反转 K 线有多种组合，下面我选择最有代表性的介绍。大阳线吞没前一个交易日的大阴线，是最典型、最有力的反转组合！

　　688157 松井股份，在上市的第六天，早市向下跳水，13：28 突然放量反转，尾盘几乎收于最高点，上涨 7.71%，报收下影光头阳线。

以图 4-40 为例：

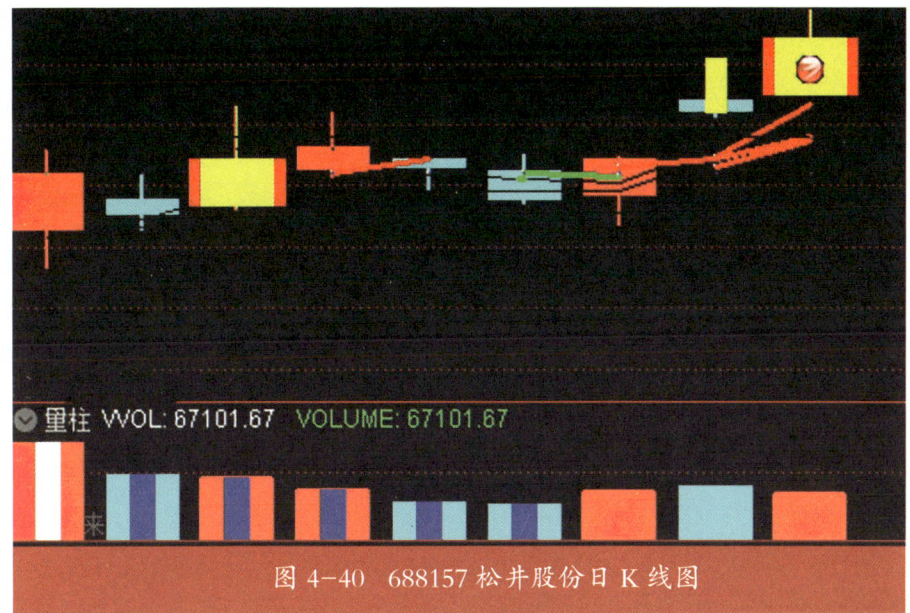

图 4-40　688157 松井股份日 K 线图

从 2020 年 6 月 17 日的分时走势图上看，因为上午空方的力度已经宣泄，下午的上升几无压力，当天龙虎榜上出现了三家机构席位，第二天的上涨已无悬念。以图 4-41 为例：

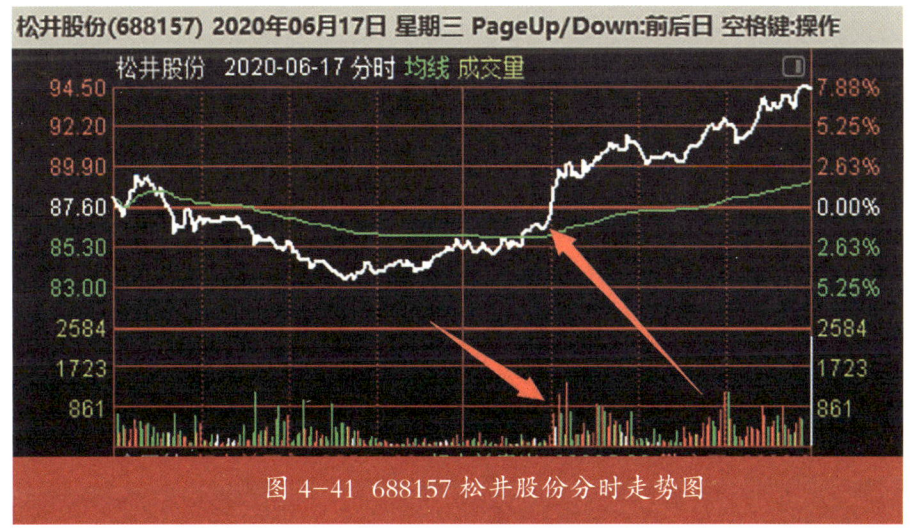

图 4-41　688157 松井股份分时走势图

688015 交控科技，在 2020 年 3 月 2 日之前的三个交易日连续下跌，且有下跌加速的迹象，但是 3 月 2 日的一根 20% 涨幅大阳线，直接当日反转，后市还有不小的涨幅，这一天无疑是个最佳买入机会。

以图 4-42 为例：

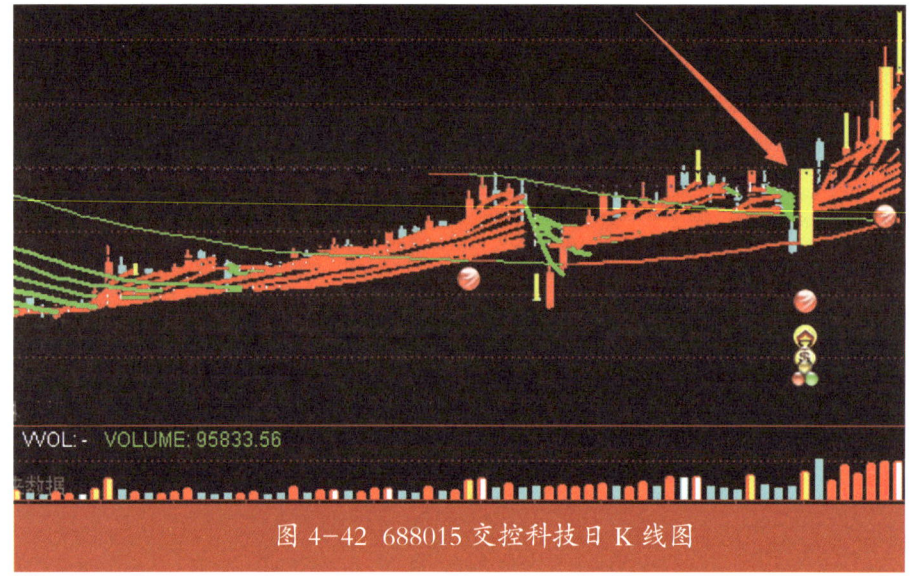

图 4-42 688015 交控科技日 K 线图

从当天的分时走势图上看，有两个买点可以选择，第一个买点是吞没了最后一根阴线位置，也就是放量突破分时平台位的时间点，第二个买点看似高了一些，但是确定性更好，这个上台阶平台的出现和构筑完成并且向上突破，说明主力操盘手的水平一流，控盘如臂使指般流畅。

以图 4-43 为例：

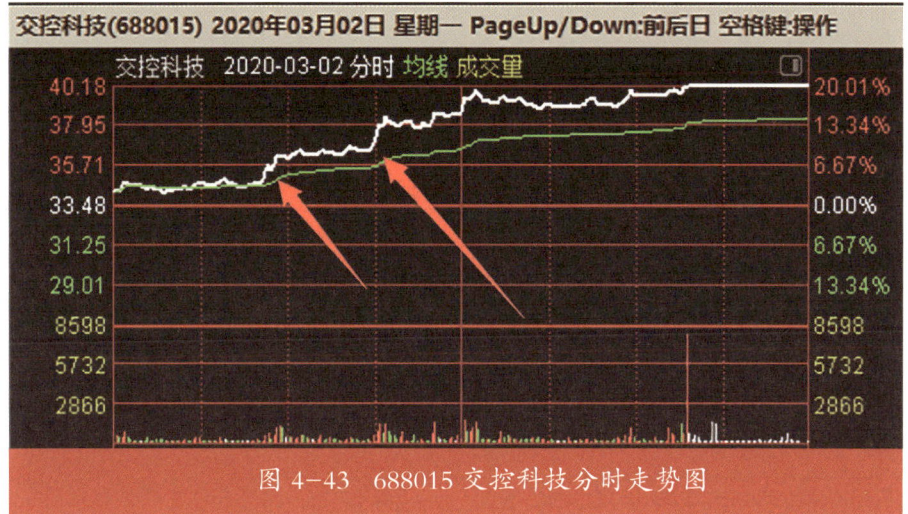

图 4-43　688015 交控科技分时走势图

688389 普门科技，之前也是三连跌，当天也是开盘直跌，直接下跌至13.67%。

13：35 依然处在下跌 6.70% 时，突然爆发大量，此时买入盘汹涌，五分钟直升至 12.7%！一个阳吞三阴，此时反转形态已经成立，积极介入是最佳选择。以图 4-44 为例：

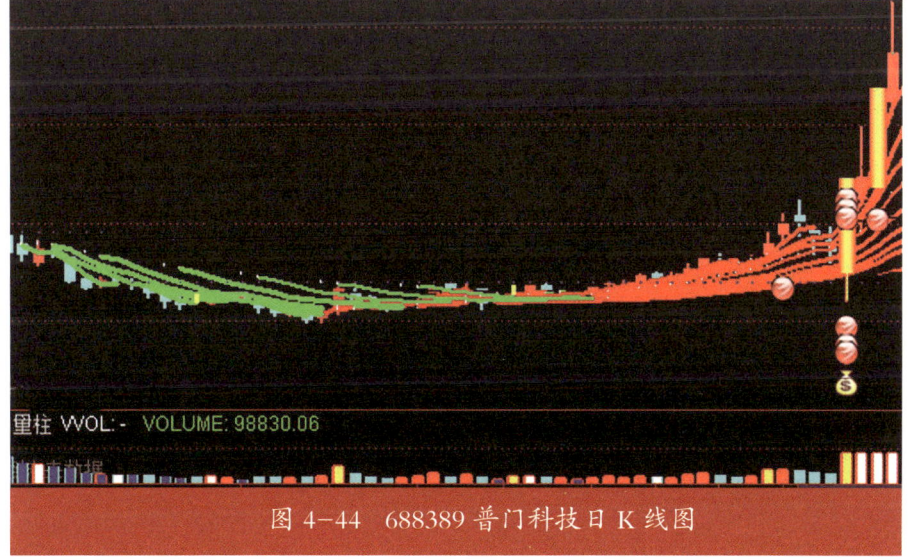

图 4-44　688389 普门科技日 K 线图

从分时走势上选买点，我认为之前的任何一个点位介入都是不现实的，唯有 14：16，才是唯一我会买入的位置。

在放量之前买入是不可能的，之后股价急升你未必会反应得过来，之后股价的回落又不是个安全的买入点，如果 14：16 走势不能出现，该股当天的回升一定会失败的。而一次失败的回升，是不值得参与的。

买涨势的确定性，是一个短线高手的基本能力，如果连这一点都做不好，那是不合格的。虽然买的价位高了一些，但是买了就涨是预期中的事，当天报收 20% 涨幅的大阳线，当天的获利依然很丰厚。

以图 4-45 为例：

图 4-45 688389 普门科技分时走势图

第五节　下降趋势股的超强反转交易技巧

　　市场中偶尔会有一些走势异常的个股出现，注册制的科创板也出现过此类个股，当然，出现的此类个股，往往是事件驱动的居多。

　　688001 华兴源创 2019 年 12 月 9 日走势出现异常并且又延续了三天，出现的就是一则利好刺激下的反转行情。

　　以图 4-46 为例：

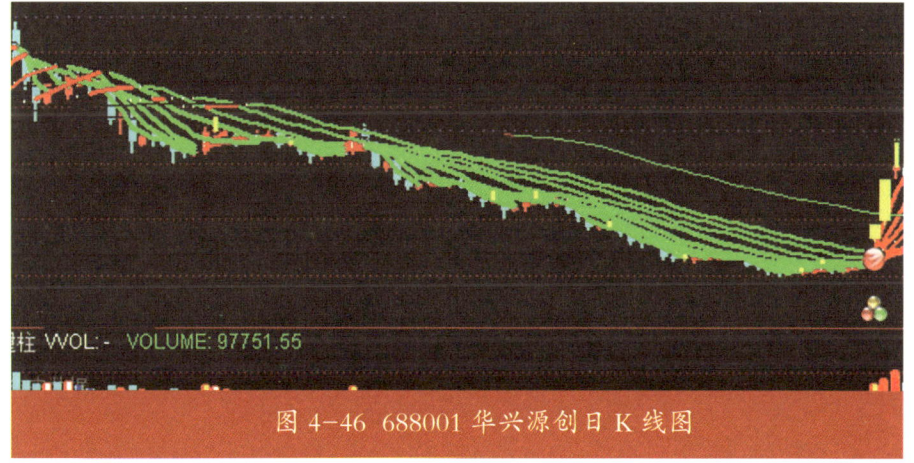

图 4-46　688001 华兴源创日 K 线图

　　从下面的分时走势图上我们看到，受利好刺激，当天股价大幅跳空高开，之后也没有回补缺口，股价一直在均价线上方缩量小幅波动，13：47 放量上涨之后收于涨停，当天获得 20% 的涨幅。

以图 4-47 为例:

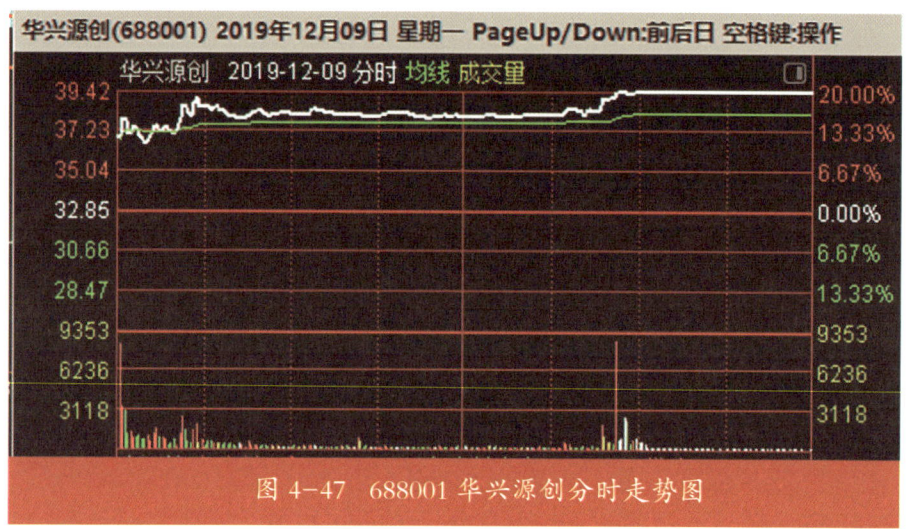

图 4-47　688001 华兴源创分时走势图

688158 优刻得，是一只上市第五天即暴跌的新股。因为没有涨跌幅限制，当天收盘暴跌 27.12%，股价报收于最低点，留下巨大的向下跳空缺口。按照正常思维，该股后市继续下跌是一件很正常的事情，但是出乎意料的是，次日开盘立即爆发巨量买单，9:48 就去触及涨停价，9:55 甚至封住涨停，虽然之后被巨量卖单打开，但是在 10:22、10:27 两次再封板，多方尽管屡败仍屡战不止，空方力度极大，但是多方 11:18 再试封板，11:24 终于获得终极胜利，股价成功封板至收盘。

以图 4-48 为例：

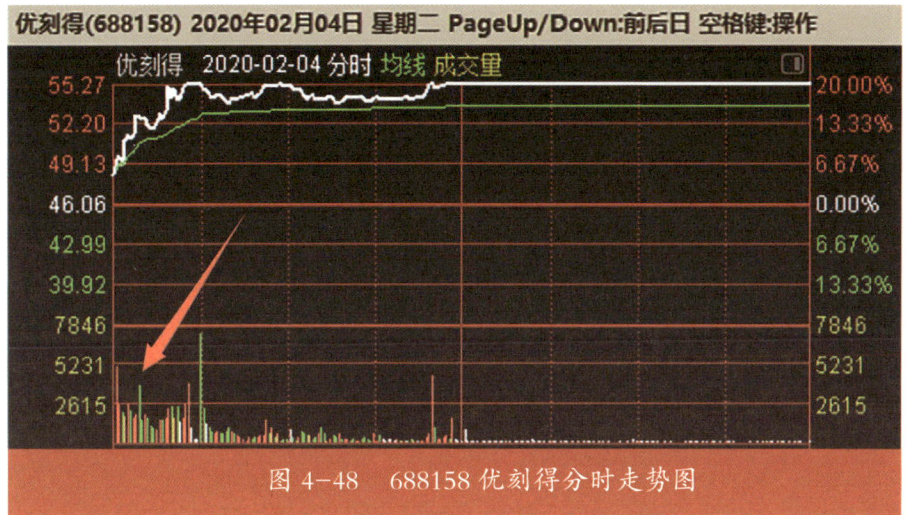

图 4-48　688158 优刻得分时走势图

下面我们看一下优刻得的日 K 线图，就知道 2020 年 2 月 4 日爆发的大阳线，是完全吞没了前一个交易日的阴线的，这种大阳线包大阴线的 K 线组合，是极强势的反转信号！

以图 4-49 为例：

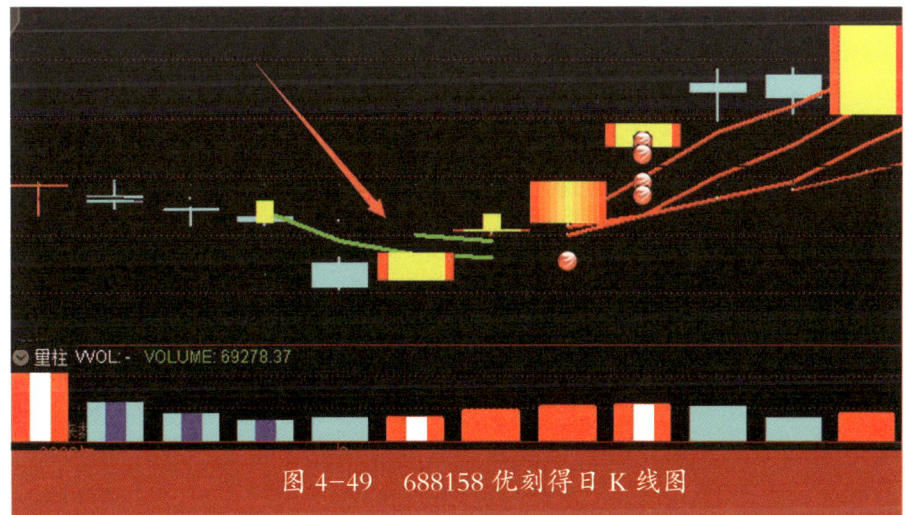

图 4-49　688158 优刻得日 K 线图

　　688005 容百科技，2020 年 2 月 4 日的大阳线吞没了前一个交易日的墓碑十字星 K 线，大涨 17.59%，反转后第五个交易日再出大阳线，一次反转最后却走出了主升浪行情，让人始料未及。

　　以图 4-50 为例：

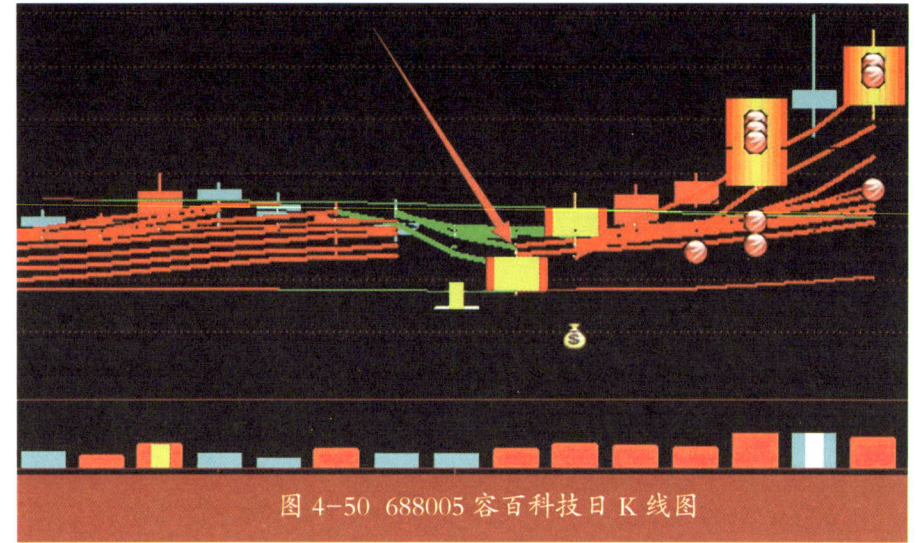

图 4-50　688005 容百科技日 K 线图

　　688006 杭可科技，2020 年 2 月 3 日，股价已经下跌四天的情况下，跌速加快，当天再下跌 20%，收出罕见的跌停板。次日股价却高开高走，当天报收大阳线，上涨 14.37%，第二天再接再厉报收一根 18% 的大阳线，在前高位主动强势整理两天后，再创新高收一根实体为 11.11% 的上影阳线，就此结束了这一波强烈反弹，在高位连出四根上影 K 线后进入下降趋势，从最高价的 56.45 元，一直跌到 9.35 元的新低为止。

以图 4-51 为例：

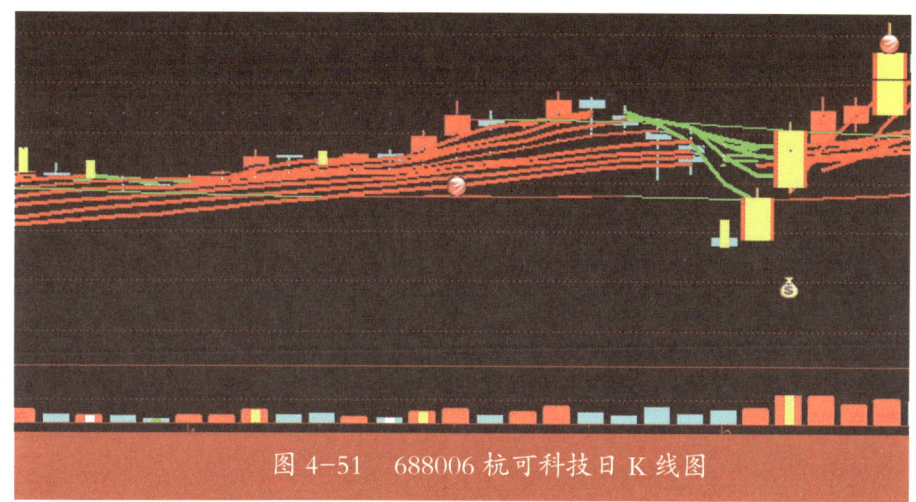

图 4-51　688006 杭可科技日 K 线图

从 2020 年 2 月 4 日的分时走势图上我们可以看到的是，该股开市后的连续放量动作异常，午后股价放量创新高，是当天理想的买点，虽然尾盘并没有收在最高，但杀跌不再是明显的。这两根有力度的反弹 K 线强势异常，是这一波强势反弹的基础。

以图 4-52 为例：

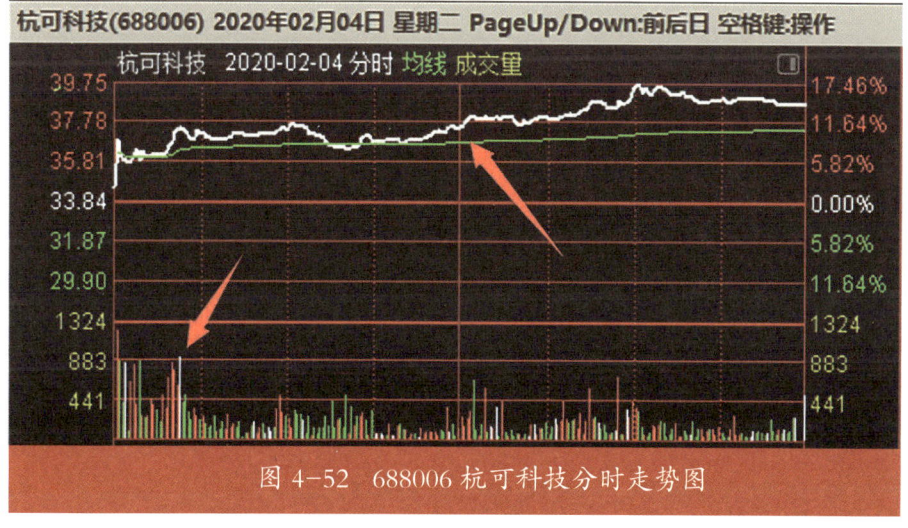

图 4-52　688006 杭可科技分时走势图

688015 交控科技，该股在连跌三天后，突然受 60 天均线支持，爆发一根 20% 涨幅的大阳线，跌势反转后继续反弹。

以图 4-53 为例：

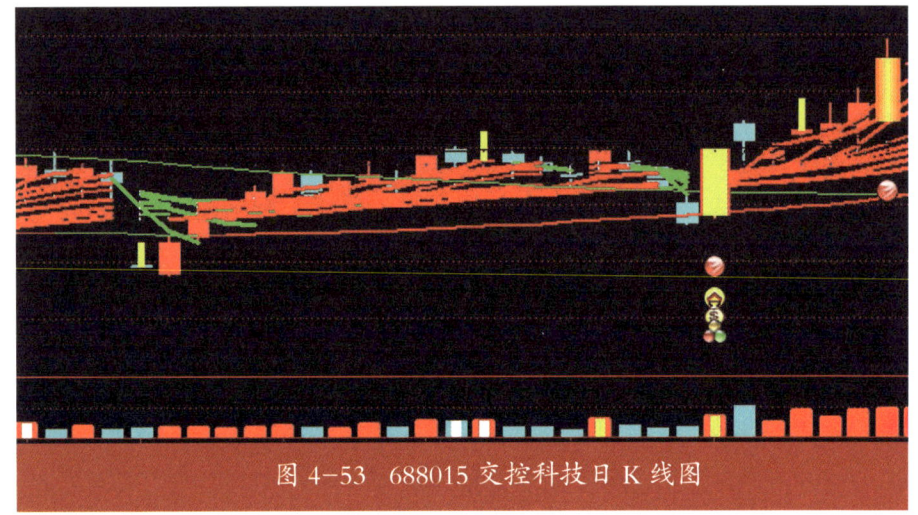

图 4-53　688015 交控科技日 K 线图

从下面的分时走势图上我们可以看出，10：59 的放量创新高，是一个理想的买点，之后当天的走势是逐波上升，14：17 封于涨停。

从以上我所举的众多分时案例，我们可以看得出，这种股价一个台阶一个台阶稳步上升的走势，在主板是不可能见到的，这就是注册制交易规则下的分时走势技术特征。

这种走势给我们带来的好处是明显的，你可以及时看到，甚至稍微迟一点也没有关系，后面有足够的时间让你去思考，去买入，而不用像在主板交易时那样，感到时间不够用，看到即封板的遗憾几乎不复存在。

以图 4-54 为例：

图 4-54　688015 交控科技分时走势图

第五章

第一节　不买入易失败的大阳线交易技巧

科创板出大阳线的个股，只要是低位初涨或高位创新高突破，大部分个股买入的获利都是可以保证的。但是也不乏那些大阳线次日起就这么一路下跌的个股，没有给你任何获利出局的机会。对于做强势股的交易者而言，这类个股带来的伤害是最大的。仔细研究这些股例是很有好处的，如果你能学习到其中的诀窍，在今后的交易中规避此类个股，会少吃亏上当。

688026 洁特生物，2020 年 6 月 3 日，顺势爆发一根大阳线，略带上影，阳线实体为 16.81%。从正常的角度去研判，这根阳线不可能是这波升势的终点，后面应该还有较大的获利空间存在。但事与愿违，最后这根大阳线还真的成了最后一涨，让看好该股后市的人大失所望，沮丧不已。

以图 5-1 为例:

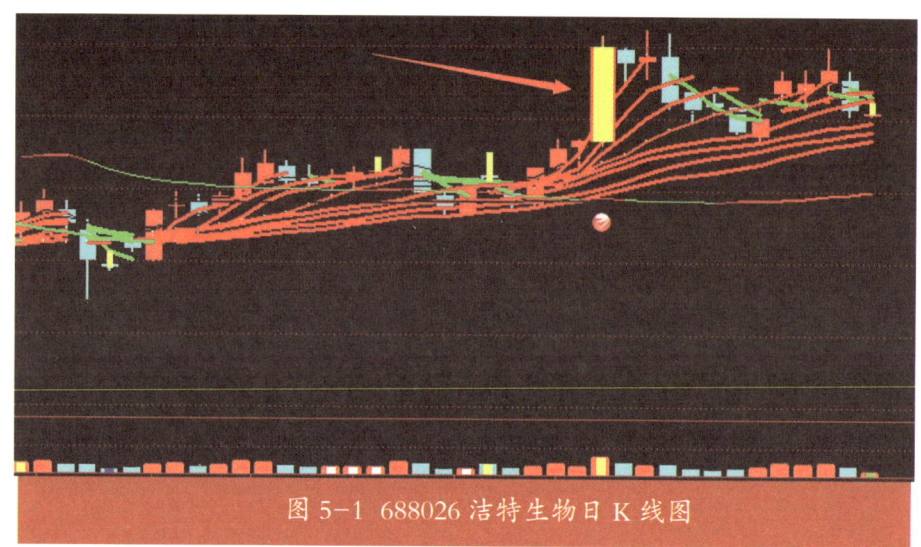

图 5-1 688026 洁特生物日 K 线图

从当天的分时走势图上看,全天走势正常,涨有量跌缩量,平稳中有上升,如果这种走势还成立见顶 K 线,这上哪说理去?如果说第二天的阴线出现,还在正常洗盘范围内,第三天的冲高回落收十字星就反常了,因此第三天开盘上攻不能创出新高后,见上攻无效而返,主力立即反手做空,这是顺理成章的事情,收盘报收一根下跌 7.23% 的上影大阴线。

以图 5-2 为例：

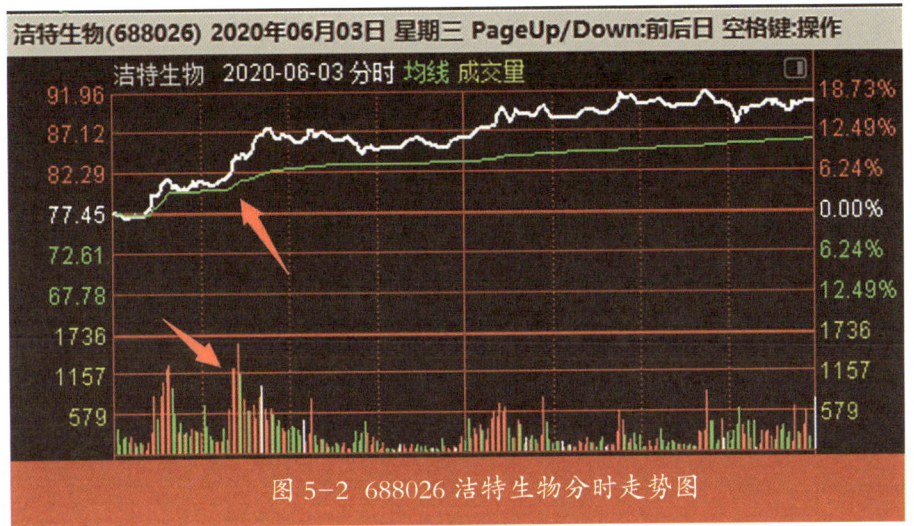

图 5-2 688026 洁特生物分时走势图

688081 兴图新科，2020 年 6 月 5 日，突然大幅跳空高开，而且不留下影线直接上攻，收盘报收一根上影阳线，上涨 14.23%。从传统技术角度看，这是一种极强势的状态，次日继续上攻是件大概率的事情。

但是始料未及的意外是，第二天大幅低开且低走，尾盘几乎收在最低位，报收一根下跌 9.61% 的阴线。这种走势虽然罕见，却实实在在地发生了。总结原因，大幅跳空高开可能是重要因素。

股价跳空高开高走，在固有思维中是个股最强势上涨的表现，但是现在已被有些主力操盘手用来做套，诱骗人入局成为出货陷阱。在主板的许多涨停股中，已经有了不少这种股例，现在看来，在科创板也要警惕此类大幅跳空个股的暴涨陷阱。

以图 5-3 为例:

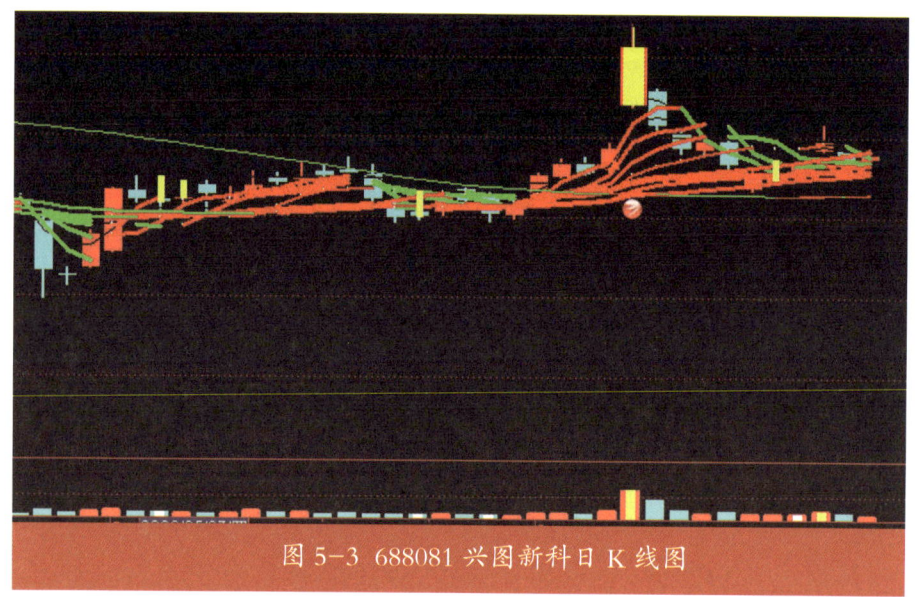

图 5-3 688081 兴图新科日 K 线图

从 6 月 5 日的分时走势图中看,走势亦很正常,丝毫看不出主力异动情况,所以我判断前一根大幅跳空高开大阳线,可能是主力刻意营造的出货陷阱。跳空高开和盘中的走势是对倒动作,吸引散户高手跟风,可能之前所持有的筹码不多,对倒中卖出很多而买入极少,所以第二天根本没有一点点维护股价的意思,而是采用一倒而空式的离场。否则在公司没有突发利空、市场正常的情况下,这种怪异走势是无法解释的。

以图 5-4 为例：

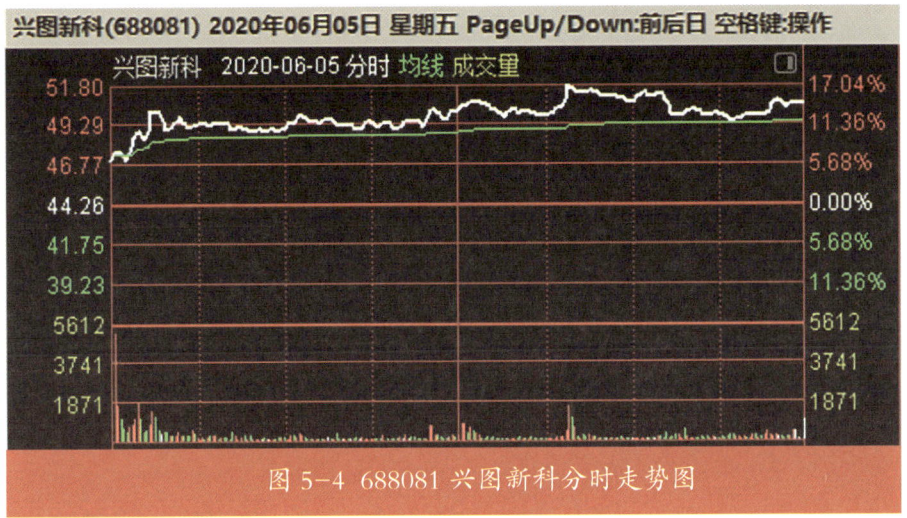

图 5-4 688081 兴图新科分时走势图

688181 八亿时空，又是一只与兴图新科极为相似，在爆发一根大阳线后突然次日低开大跌的个股。如果你没有足够的辨识能力，在 2020 年 6 月 8 日早市的上攻中，追高在直封 20% 涨停价时，那亏损真的很大。

以图 5-5 为例：

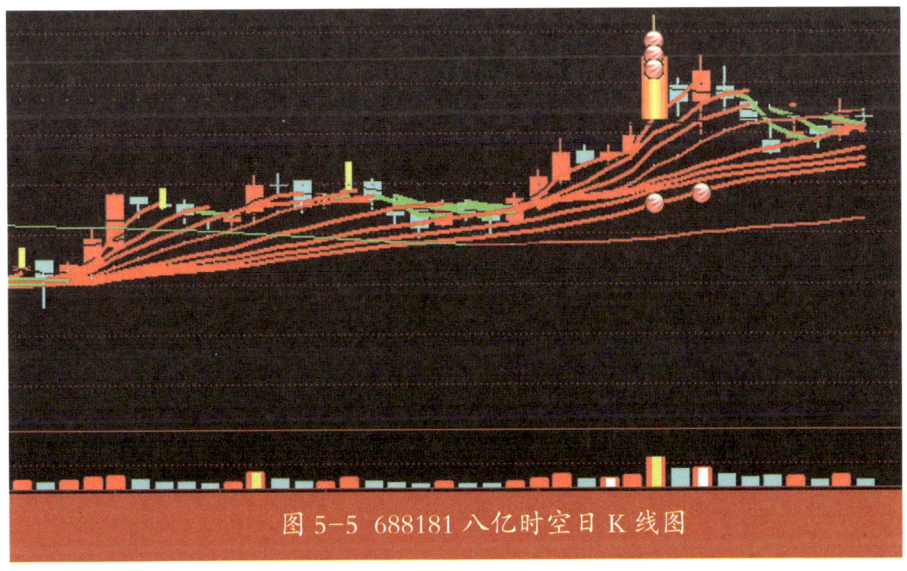

图 5-5 688181 八亿时空日 K 线图

该股从表面上看正常，爆发大阳线是上升趋势越走越快的结果。但看在创出历史新高后的主升大阳线，唯一的问题是，该股开市半小时内即直线封板，这种走势很像主板早市涨停股的技术特征，放在主板直接封板没有问题，但是在注册制 20%涨幅限制交易规则下，这种莽撞的操盘手法肯定是不行的，会遭到空方狙击，毕竟这一天所有的人都是获利的。失败就在开市半小时内贸然直线上攻封板动作上！

综观所有成功封住 20%涨停板的个股，主力操盘手都是采用让股价一个台阶一个台阶稳步向上的做法，股价上一个台阶，横盘一个时间段，量成芝麻点了，再上一个台阶横盘，这么一步步稳健上行的终极目标是最后成功封板，任何鲁莽的动作都是失败之源。

我之所以写作本书，实在是因为我在一年多科创板交易过程中，发现了不少注册制交易规则下，股价运行、技术特征、交易技巧与主板不尽相同之处，有着特立独行的走势。尽管有很多交易者是同时在主板和科创板交易，但是应该怎么做才对，真正的技术型高手是门清的，有些技术可以用在主板上，有些在主板已经失效的技术，反而在科创板可以如鱼得水、运用自如。

以图 5-6 为例：

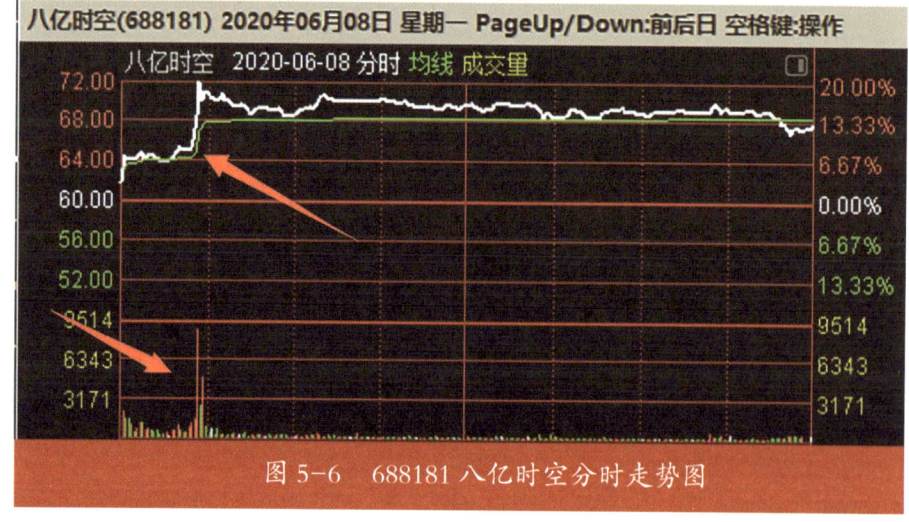

图 5-6　688181 八亿时空分时走势图

从上面的分时走势图上看，9:53之前的走势是正常的，9:55的直封板蜻蜓点水式的回落，是主力操盘手的败笔。这个致命的失误动作，是该股的失败之源，没有之一。

理由我在上面已经讲得很清楚了，早市的急速上攻，成功概率也就10%，所以很多时候对早市放量急速上攻的个股，我是规避的，不看就不会受到诱惑，没有买入就没有伤害！

科创板成立至今，虽然有很少几只早市封板股，但走势也是台阶式上升的，主板"冲天炮"式的直线上升成功概率极小。应该从中接受的教训是，注册制交易规则下的早市放量急升股，不一定是馅饼，更可能是陷阱。

688218江苏北人，该股之前一直处于下降趋势中，2020年6月4日突发长阳，全天走势强势，收盘只是留下了上影线而已，让人意外的是，从第二天开始股价阴跌不止，第七天时甚至跌穿了6月4日启动价。

这种意外的走势，很像主板股第一天出个涨停，第二天冲高回落后一路下行，只是注册制交易规则，将两天的走势合并成一天而已。

这个理由是唯一能够解释得通的。主力应该是个短庄，之前在低位平台买入了一些廉价筹码，一天就可以通过对倒出完，第二天在什么价位出空少量对倒筹码，根本不在乎。

那些大阳线次日出大阴线个股，或在盘中或是第三天一定会有一个冲高自救的上攻动作，虽然不会创新高，但是全身而退还是做得到的。那些突发大阳线后就一路阴跌不止的个股，一定是主力已经成功出局，第三天再无上攻动作，你应该可以死心了，不用再心存幻想，逢高出局才是你应该做的最对的事情，否则会越来越被动，越套越深，无法自拔。

以图 5-7 为例：

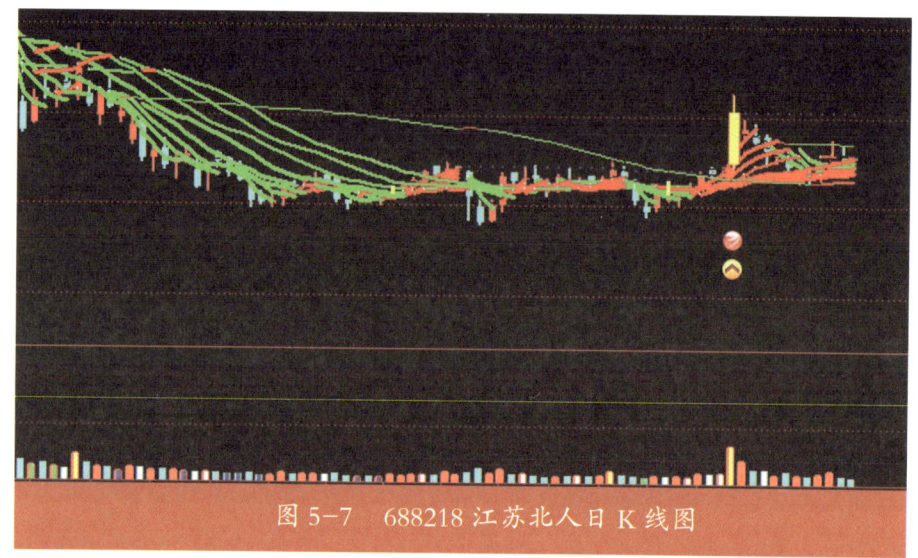

图 5-7　688218 江苏北人日 K 线图

688058 宝兰德，2020 年 6 月 11 日，低位爆发大阳，盘中曾封板但是被巨大卖单砸开，尾盘虽然有回升，但是无力再封板。从事后看这种走势是有问题的，不知道是谁狙击了涨停，让这个原本应该成立的 20% 低位大阳线天折。以图 5-8 为例：

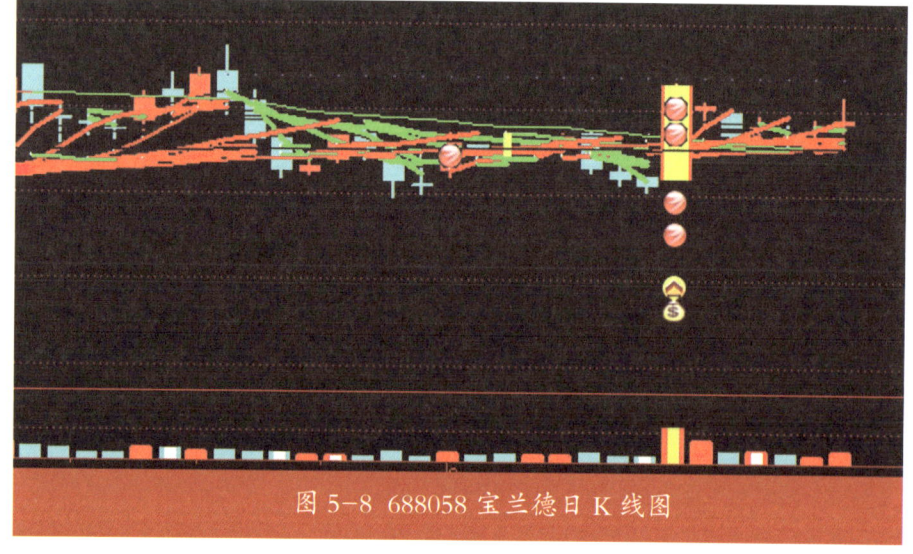

图 5-8　688058 宝兰德日 K 线图

从分时走势图上看，14：30 之前的走势是正常的，很多个股在封板之前会主动不去封死，消化空方筹码，问题是 14：35 突发连续卖出大量，虽然股价在 14：54 再上升试图回封最后却无功而返，尾盘终究没能封死板。

不能封死板次日招致调整很正常，问题是第三天居然出现了一根阴线，完全破坏了三天组合，之后股价再无起色，至少在笔者写作的今天还是如此。

以图 5-9 为例：

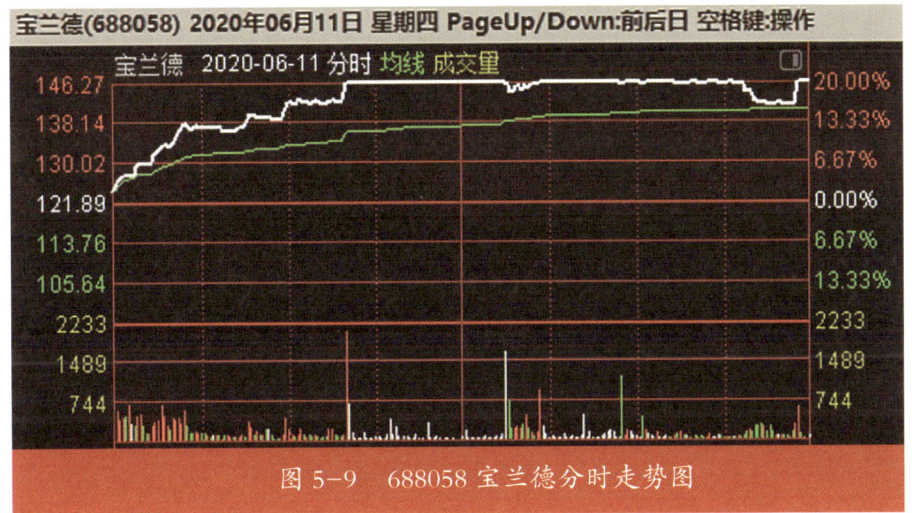

图 5-9　688058 宝兰德分时走势图

第二节　大阳线次日残酷的洗盘交易技巧

有些当天报收大阳线次日却大跌的个股，这是什么性质的下跌？怎么正确面对？这是个很严峻的问题。下面将从这些股例中进行分析，不敢说完全正确，但是还算靠谱。

下面举例的个股，都是次日大跌但是也只跌一天，第二天又会创出新高的个股。但这也只是庄家自救而已，被套者抓住机会出局才对，新进者选择买入就不对了。

688389 普门科技，2020 年 2 月 3 日，逆市爆发一根 19.98％大阳线。令人诧异的是，次日跳空低开大跌，9：34 时大跌 11.97％，之后却又在做成双底后快速回升，当天最高涨幅达到 11.97％，形成三重顶后又回落，收盘抹去全部涨幅，报收长上下影阳线。这种盘中振幅巨大的个股很罕见，主力控盘手心狠手辣，将股价玩弄于股掌之中，通过盘中剧震动作洗出浮筹，之后再继续大涨。

以图 5-10 为例：

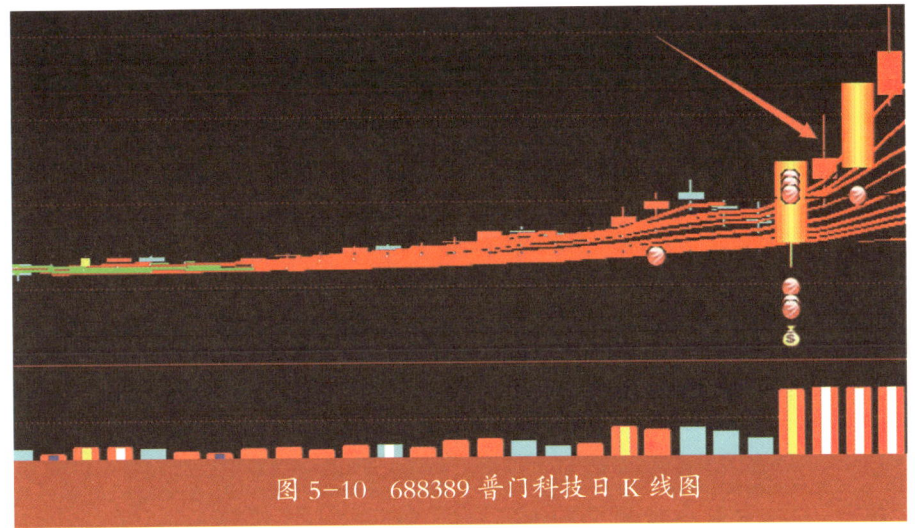

图 5-10　688389 普门科技日 K 线图

我们可以从下面的 2020 年 2 月 4 日分时走势图中，看出股价当天的剧震有多么惊心动魄。如果你身临其境，无论怎么做都没有对错，因为任何正常人的小心脏，都承受不起那沉甸甸的压力。

以图 5-11 为例：

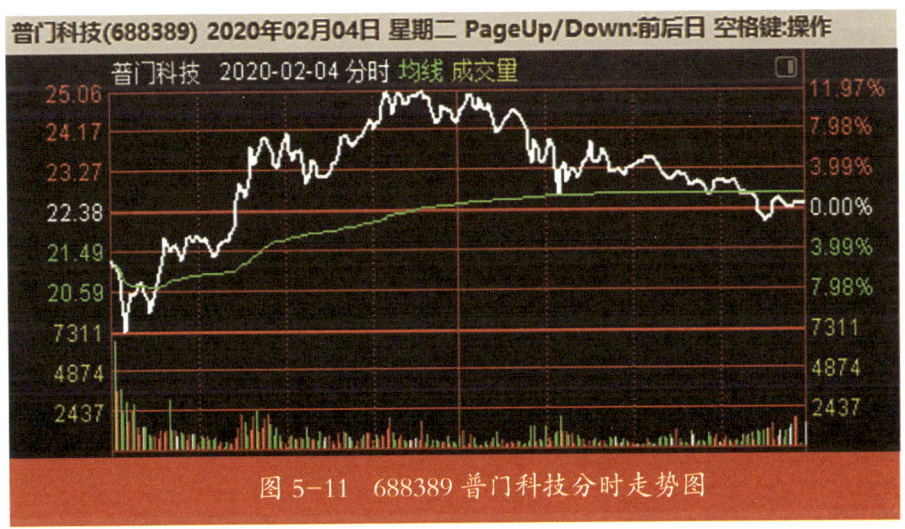

图 5-11　688389 普门科技分时走势图

688310迈得医疗，2020年2月3日，逆市低开收上影大阳线，涨幅7.57%。可能是逆市的原因，当天有很多科创板个股甚至是跌停的。也是这只股中的主力足够有钱，不惧市场大跌，而敢于走出自己的独立行情。

这种K线形态第二天大概率会出现调整，只不过当天走势与普门科技相似，太过剧烈，第三天整个市场转暖，它收出了11.68%涨幅的大阳线。

以图5-12为例：

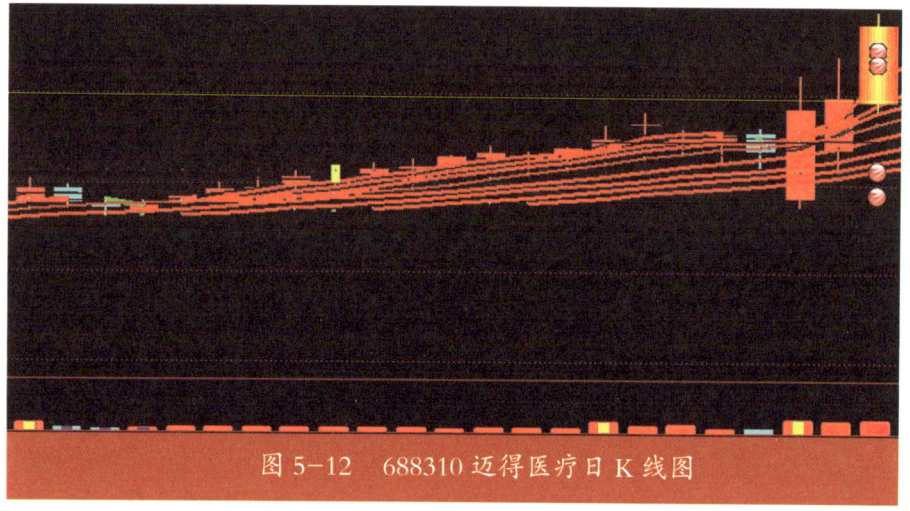

图5-12　688310迈得医疗日K线图

该股2月4日低开低走直杀，但是最后还是多方获胜，再报收上影阳线，次日再出大阳线。

以图 5-13 为例：

图 5-13　688310 迈得医疗分时走势图

　　688368 晶丰明源，2020 年 1 月 20 日爆发一根 20％涨幅的大阳线，分时走势是逐步上台阶型走势，全天走势正常。但是第二天平开直接下跌，之后一路卖盘汹涌，收盘几乎杀至最低价收盘，下跌 12.03％！一根长阴几乎包去前一天的长阳，让持仓者不知所以，无所适从。以图 5-14 为例：

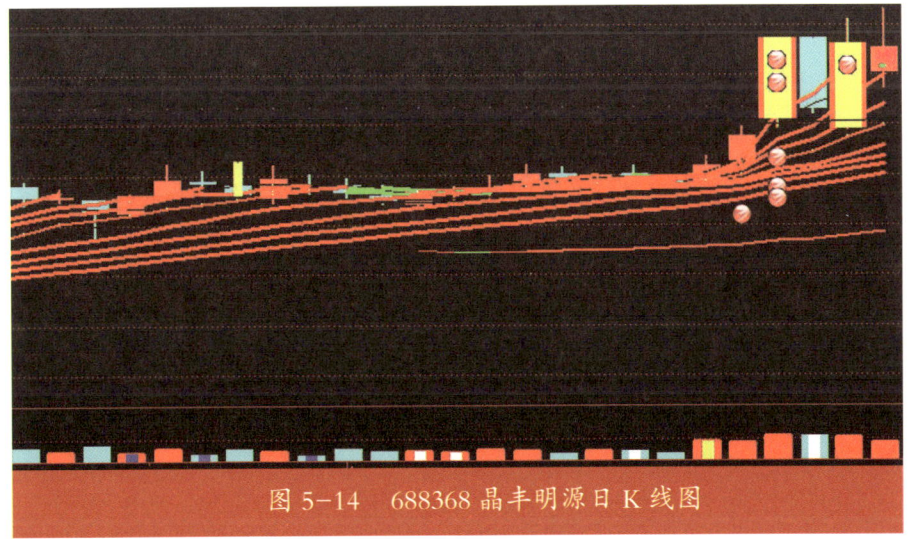

图 5-14　688368 晶丰明源日 K 线图

在 1 月 21 日的分时走势图上我们可以看到，当天的杀跌贯穿全天，午后甚至量能放大，跌速加快，收盘几乎杀至最低价。

以图 5-15 为例：

图 5-15　688368 晶丰明源分时走势图

688399 硕世生物，第一波炒作是始于 2020 年 1 月 20 日，当天是一根非常罕见的一字板，这种走势往往是事件驱动的。第二天曾长时间封于涨停，尾盘被打开。因为两个交易日该股 40% 的涨幅过大，第二天低开下杀，9：46 最低下跌 12.39%，杀跌不可谓不狠。但是第三天立即再出大阳线，第四天甚至报收涨幅为 20% 大阳线。由此可见，连续大阳线后的开盘杀跌并不可怕，尾盘杀跌才必须提高警惕。

以图 5-16 为例：

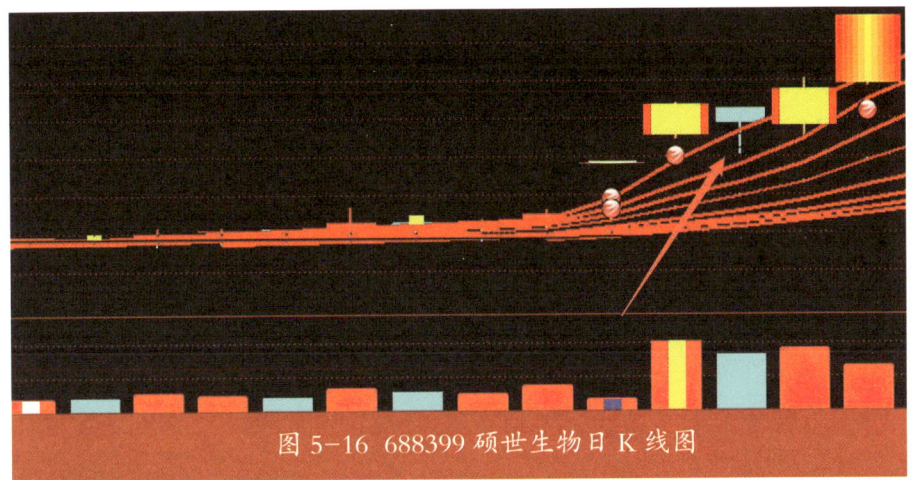

图 5-16　688399 硕世生物日 K 线图

硕世生物 1 月 22 日的洗盘动作很乏味，早市杀跌尾盘回升，收长下影阴线于均线群上方。

以图 5-17 为例：

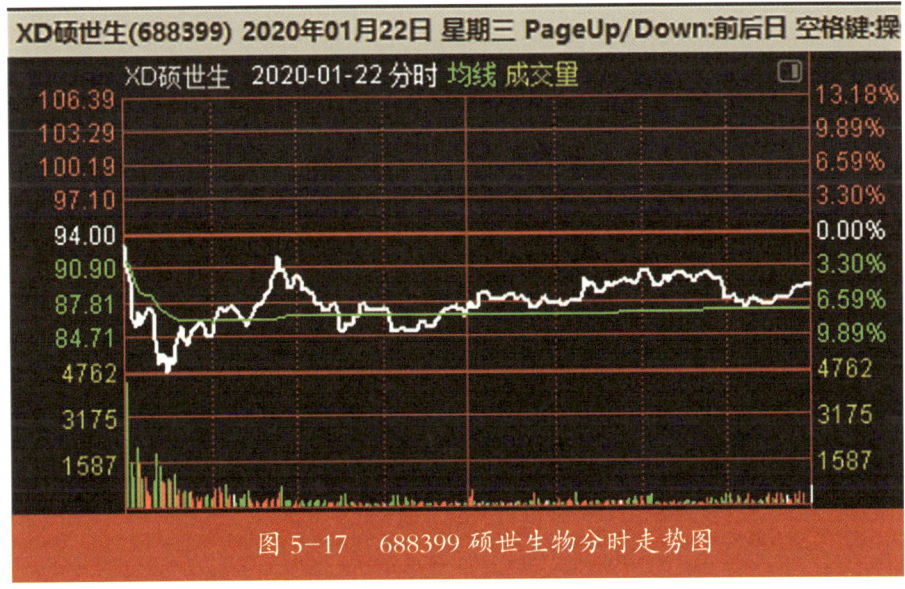

图 5-17　688399 硕世生物分时走势图

688399 硕世生物基本面很好,多次获得主力的炒作,2020 年 4 月 16 日再报收一根涨幅为 15.73% 的大阳线,全天分时走势健康,但是第二天略有高开后立即下行,收下影阴线,几乎复制了 1 月 22 日的走势,同样在第三天再爆发大阳线。某些有固定思维的主力操盘手的操盘手法,就是那么固化不变。

以图 5-18 为例:

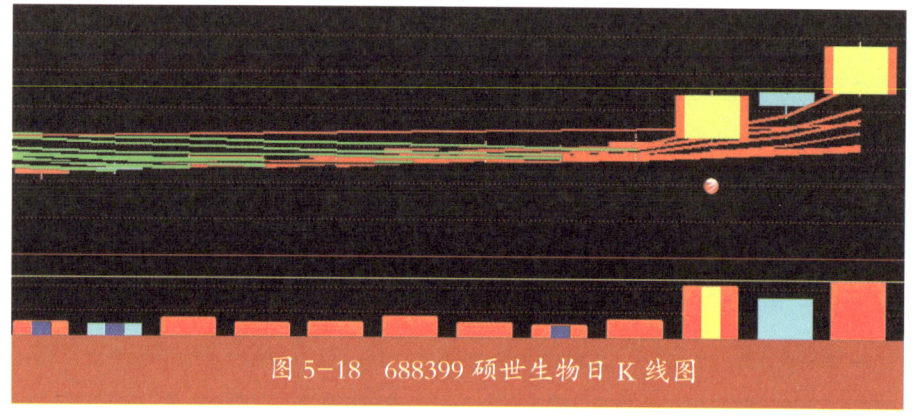

图 5-18 688399 硕世生物日 K 线图

从下面的分时走势图可以看到,13:38 创出当日最低价,跌幅达到 6.16%,14:32 之后股价大幅回升,报收下影阴线。

以图 5-19 为例：

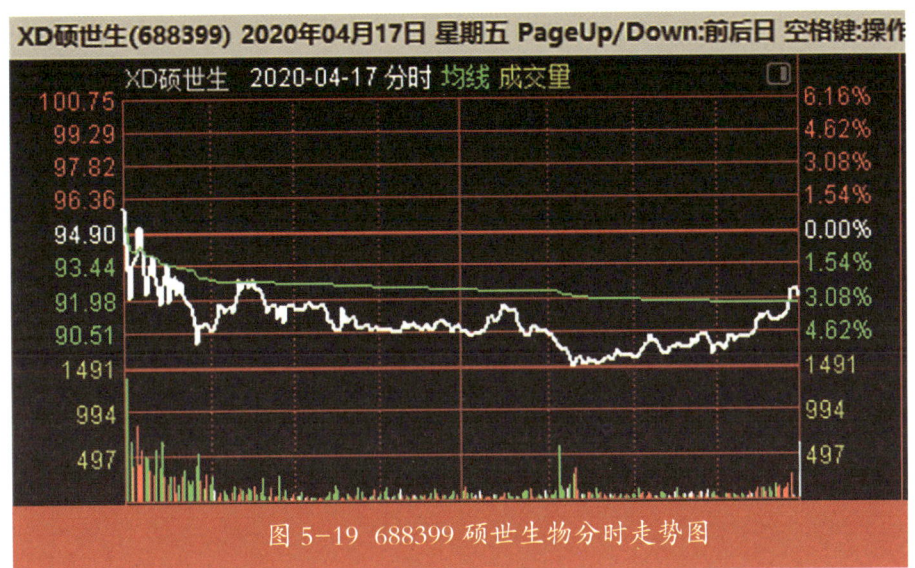

图 5-19　688399 硕世生物分时走势图

有必要再贴一幅 4 月 20 日的分时走势图，三个交易日的组合值得学习、研究。因为这一天的组合完美，升势直到 150 元才结束。

以图 5-20 为例：

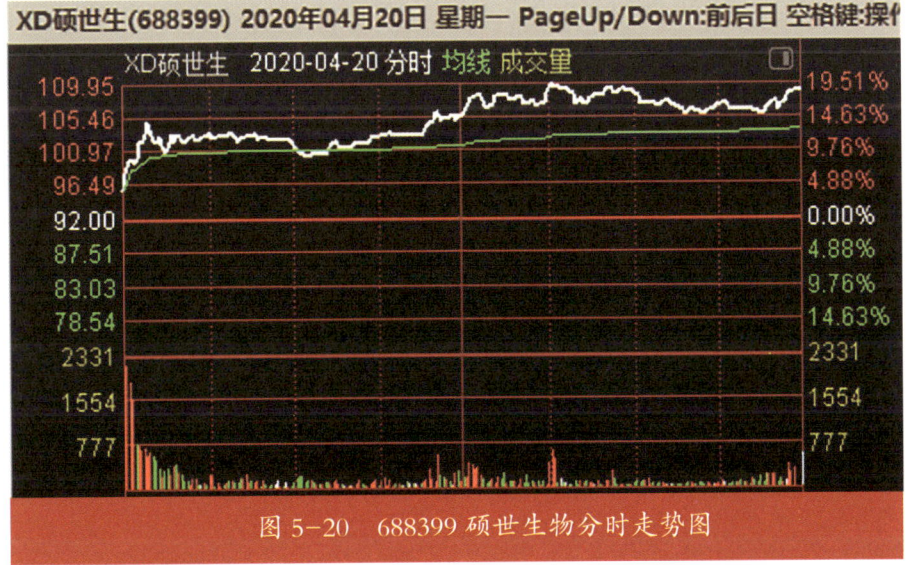

图 5-20　688399 硕世生物分时走势图

688023 安恒信息，2019 年 12 月 18 日爆发一根 20% 大阳线，似是进入升浪的前奏，但是第二天平开下杀，最低达到 6.57% 的跌幅，收于最低点附近，跌幅 5.59%。第三天股价低开高走，报收 10% 的一根阳线。

以图 5-21 为例：

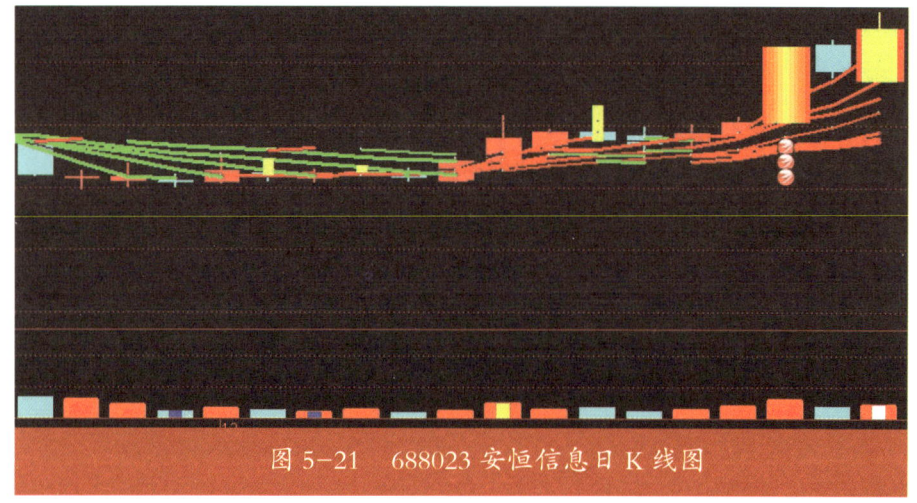

图 5-21　　688023 安恒信息日 K 线图

下图是该股 2019 年 12 月 19 日的分时走势图，你无论怎么有想象力，都不会料到第二天居然会出大阳线。

以图 5-22 为例：

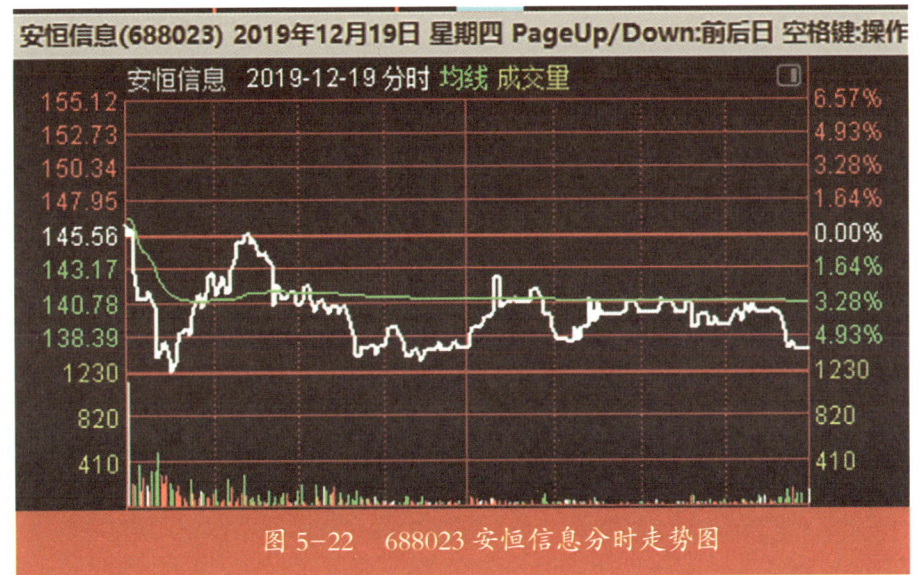

图 5-22　688023 安恒信息分时走势图

688258 卓易信息，2020 年 4 月 30 日低位启动大阳线反转，第二天再收涨幅 20％大阳线，第三天洗盘阴线的出现顺理成章，大涨后出现这种实体不大的阴线，一般都是洗盘动作。

问题是该股次日的再创新高时间不对，又犯了早市放量上攻后后续不继的毛病，在 12.76％涨幅位见顶回落，之后一路走低终成大顶部。由此可见，不管在什么位置，早市放量大涨都是大忌，尽量别去参与，方位股更要提防主力的陷阱！

以图 5-23 为例:

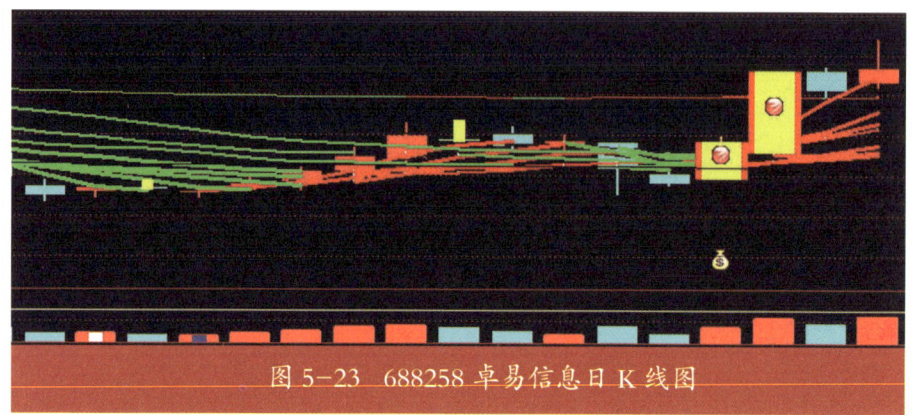

图 5-23　688258 卓易信息日 K 线图

从下面分时走势图上，我们可以看到的是该股早市开盘后的强势，正是这种阴线洗盘后的强势最吸睛，放大量创新高，会不会再爆发一根 20% 涨幅的长阳线呢? 这是之前找不到买入机会的人最动心的买入时刻，于是众望所归中该股见大顶了，把这帮 "接盘侠" 一网打尽套在山顶上，主力自己躲到一边数钱偷着乐去了。以图 5-24 为例:

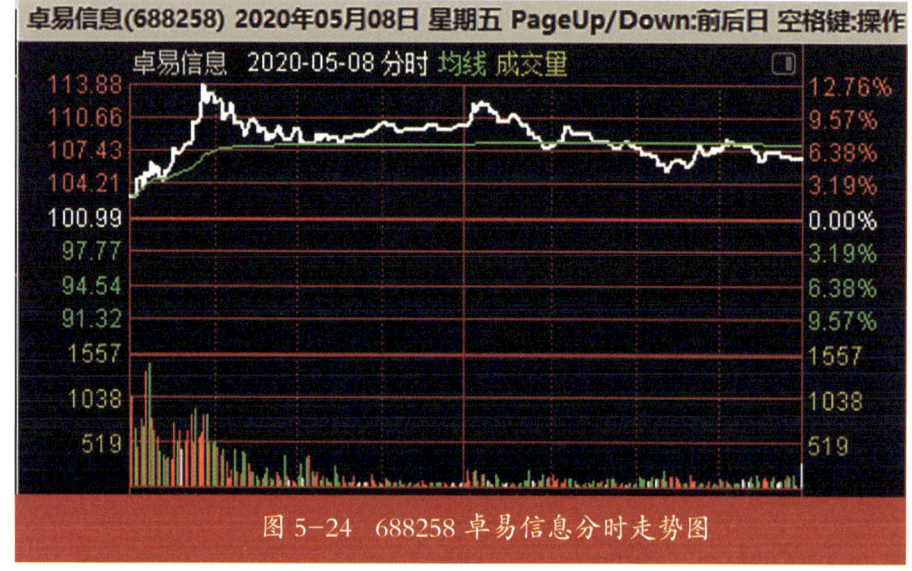

图 5-24　688258 卓易信息分时走势图

上影大阳线成立后的洗盘是必须的，上面介绍的个股案例，都是单日阴线洗盘，下面提供一个双日高开收阴洗盘案例。

688068 热景生物，2019 年 9 月 30 日上市首日，最高价 92.66 元，报收一根高开低走的大阴线，之后一路下跌不止，11 月 25 日，最低跌至 44.01 元，距离最高价腰斩有余。之后股价见底回升，2020 年 1 月 17 日，成立一根涨幅为 7.73％的中阳线。就此开始了一波大力度的反弹行情，甚至创出历史新高。

第二天又成立了一根 11.17％的大阳线，两个交易日的累计涨幅将近 20％，因此第二天股价高开低走，收出一根跌幅 3.21％的阴线，与前一天的阳线并列。图形似乎有些不好看，因为高位的 K 线组合不好。

但是 1 月 22 日并没有受到股价前一天下跌收阴的影响，反而罕见地大幅高开在 14.61％的高位，之后全天下跌不止，虽然股价是收于最低位，但是实际上股价是上涨了 4.69％的。

但是大家应该都被这根大阴棒给吓着了，从传统技术意义上分析，一定会得出这么一个结论，庄家做局明显，股价高开低走，在高位派发筹码，行情到此结束。

更令人诧异的是，1 月 25 日股价再报收一根大阳线，2 月 3 日甚至做出一个 20％涨停板，但是第二天剧震见大顶。庄家在完成这一波炒作后全身而退，放任股价一路下跌回到原地，4 月 5 日的最低价是 45.28 元！如果接盘在最高位，并且死了也不卖，他的金融资产就腰斩了。

联系我的粉丝众多，可悲的是，几乎都是亏损族，每个交易者都有各自不同的亏损原因，缺乏证券知识是普遍存在的关键问题。成功交易者的能力，相当于证券大学毕业的水平，而亏损族的能力，相当于小学都没有毕业的水平，他们不管是追涨还是逢低买入，都是凭一时冲动，无绝对把握，在这个吃钱的市场里不亏才怪。

以图 5-25 为例：

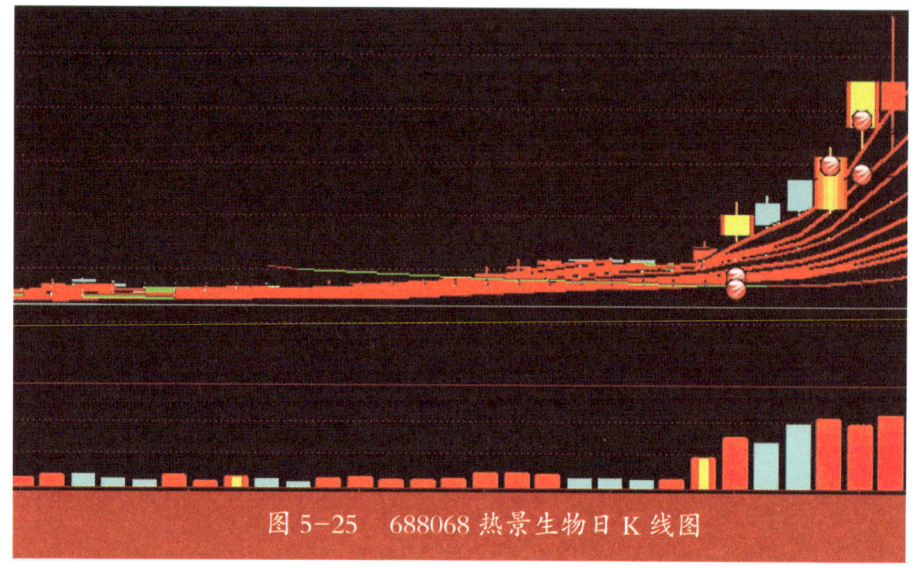

图 5-25　688068 热景生物日 K 线图

我注意到这么一个现象，一个人一旦成为股民，他的智商立即下降，亏损的钱其实是在交"智商税"却不自知。每一个股民除了接受的教育程度不同，在自己的工作岗位上都是干得不错的，但是一入股市立即就像换了一个人一样，过去的聪明才智都不存在了。无他，因为工作决策可以长时间去思考，股市则不同，思考的时间有时候是以秒计算的，而且一旦错过最佳位置，往往就不再理会股价，听任它下跌。有几个人愿意通过学习，让自己达到证券大学毕业的水平？

下面用两幅分时走势图，具体说明两根高开阴线的走势特征。

以图 5-26、5-27 为例：

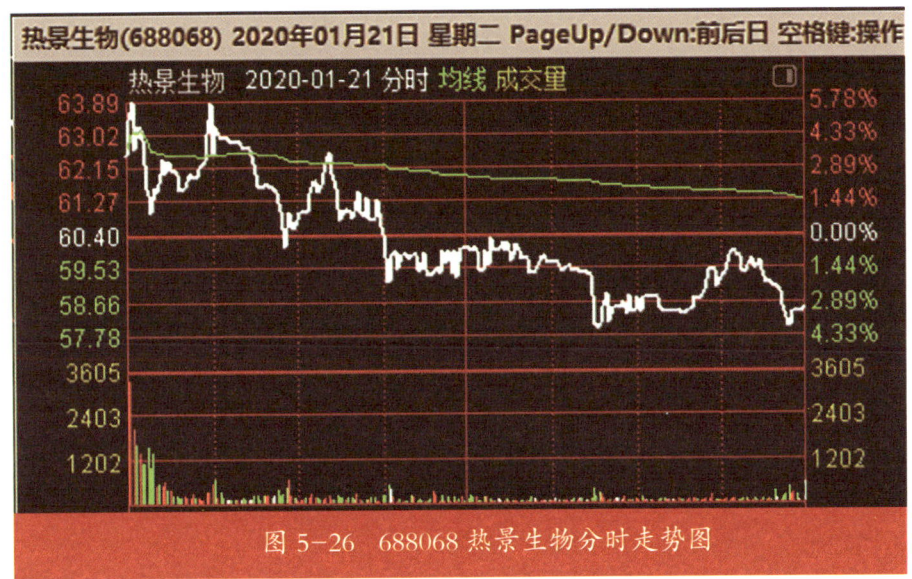

图 5-26　688068 热景生物分时走势图

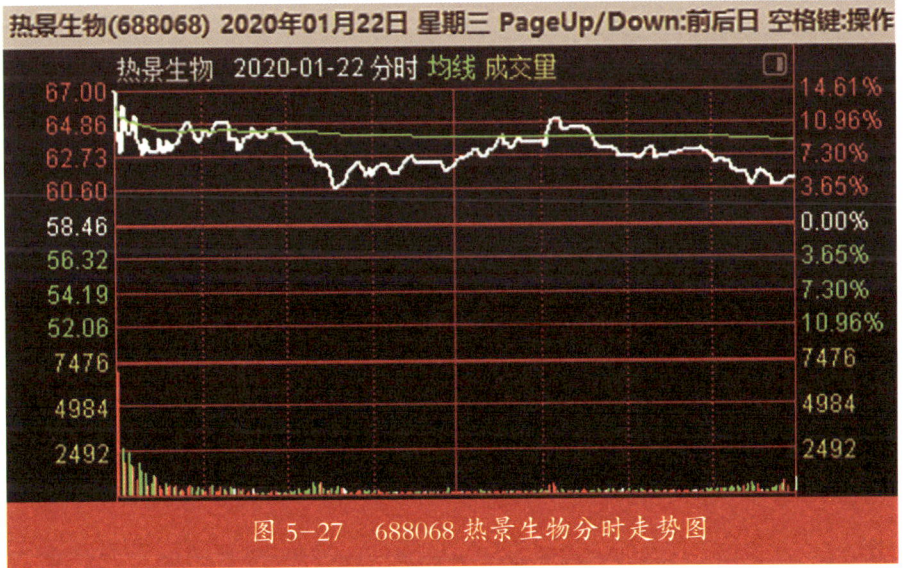

图 5-27　688068 热景生物分时走势图

第三节　主升浪的浪形结构和交易技巧

个股主力在完成吸筹动作后，兑现利润派发筹码的过程，就是走出主升浪行情，大阳线大成交量连续出现。只有参与者众，主力才能浑水摸鱼，而之前清清淡淡的交易状态，吸筹可以，派发不行。

主升浪行情，就像鱼的鱼身，是最肥美的一块大肉。高手，就是天天只参与个股的主升浪行情，没有理想个股宁可空仓等待。当你达到这个境界时，在你眼前出现的个股小机会，都是不值一提的。

进入主升浪的个股，也不一定是天天爆发大阳线的，尤其是在注册制交易规则下，个股 20％涨幅比主板放大了一倍，第二天再冲上 10％多，两天就是主板四个交易日的涨幅了，因此，注册制交易规则下的个股主升浪行情，大部分都是大涨一天第二天冲高回落，或整理一天或整理两天，再用大阳线创新高再续升势。判断的依据是，个股的均线上升角度陡峭。

688021 奥福环保，五个交易日的振幅达到 109％，是标准的主升浪行情！这只股的主升浪行情是一波完成型的。

以图 5-28 为例:

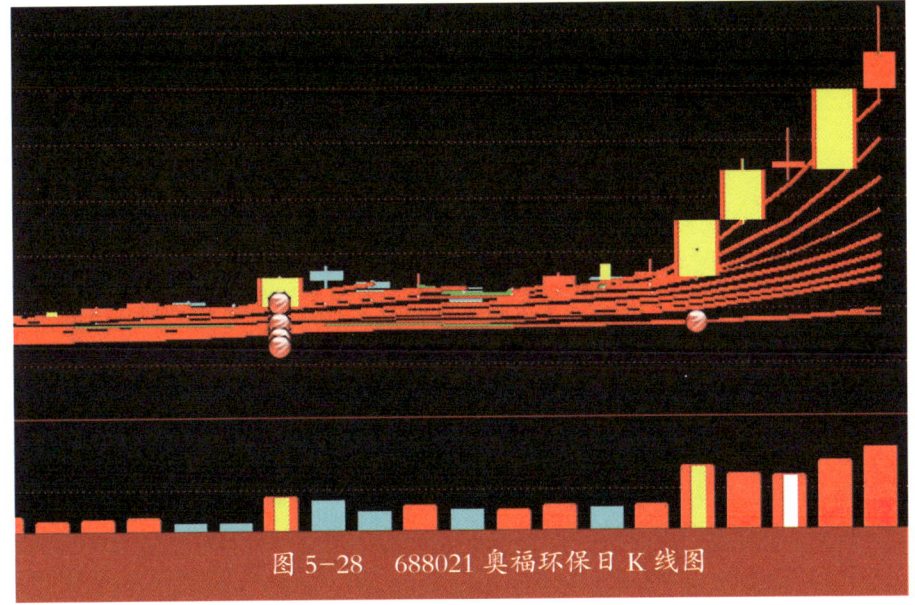

图 5-28   688021 奥福环保日 K 线图

有些个股的主升浪行情走出的是三浪结构。

688037 芯源微,在 2020 年 1 月 16 日至 2 月 5 日的九个交易日里,振幅达到 113.27% 之巨。这九个交易日可以细分为一个完整的上升五浪结构。

以图 5-29 为例：

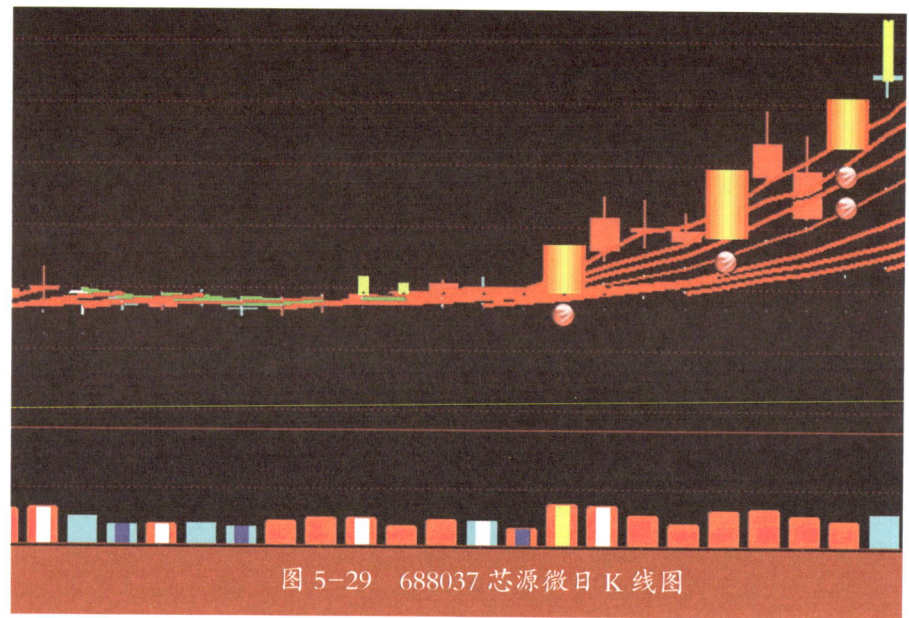

图 5-29　688037 芯源微日 K 线图

688126 沪硅产业的主升浪，延续的时间最长，达到 24 个交易日，振幅达到 228.35%，也是个五浪的上升结构。虽然每次升浪的时间和高度不等，但是升浪的结构，还是很清晰的，可以辨识的。以图 5-30 为例：

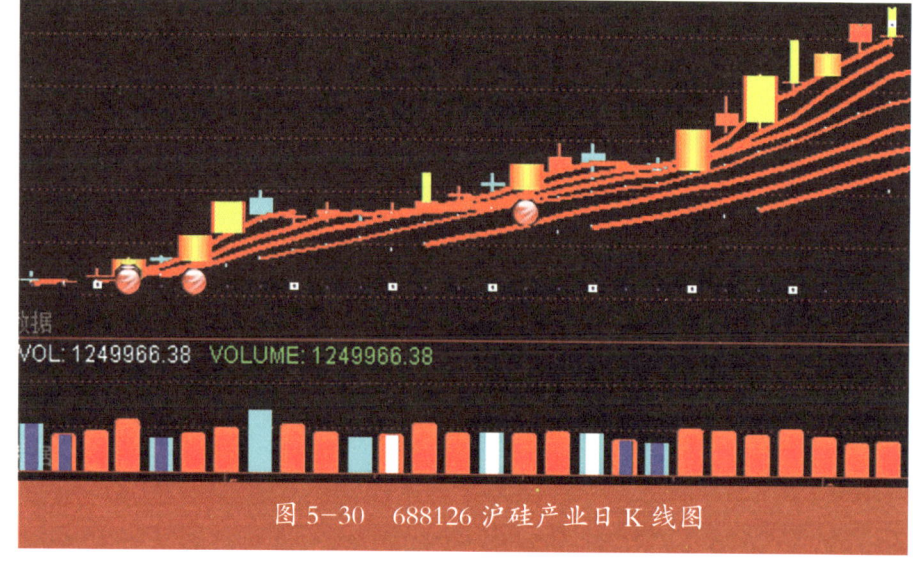

图 5-30　688126 沪硅产业日 K 线图

　　对于高手来讲主升浪是大机会，对庸手而言则是大陷阱。高手买在第一根启动大阳线上，庸手接盘在最高位上，不由得你不信，这种事情每天都在发生。旁观不懂的人都知道是买错了，身为局中人的股民，却往往认为自己是最对的。

　　在股市中，交易理念的对错，是决定成败的关键。亏损族的交易理念一定是错误的。正是因为错在根本，所以每天在交易上犯错是一定的。最可悲的是，因为人性的原因，亏损族还知错而不改，故我依然。

第四节　不参与股性差个股的交易技巧

股性，是主导行情操盘手的交易手法，而有些个股的走势很猥琐，应该与主力操盘手的性格有关，这种票的特点就是一阳跟串阴，让你短线很纠结，究竟在次日的下跌中，是卖出还是继续持有。

如果一只个股的上市时间已经足够长，你就可以对该股的股性有足够的了解，如果该股之前的走势一直没有出过 20% 涨幅的大阳线，如果 10% 以上涨幅的阳线出现后，股价第二天不涨反跌，说明该股的股性很不好，参与这种个股是一种煎熬，远离是上策。

股性差表现之一：行情一日游。有些个股的股性，真的让人沮丧，行情一日游是它的标配！如果不是你在大阳线当天有斩获的利润，第二天它是一定不涨甚至下跌的。

688001 华兴源创，就是一只短线高手才能卖对，绝对高手才不会买错的个股！从下面的日 K 线图上我们可以看到，左边的两根大阳线都没有上升连续性，也就是一个"超短一日游"行情而已。右边的四根上影 K 线几乎都看不见实体了，可想而知当天追高的人都被套住了。除非有严格的买入纪律，被套是一定的，这种"坑"最是害人的！

走出这么烂的走势，还不是仅仅一次，说明该股的主力操盘手的水平真的很臭。好好的一只股，被他玩坏了，股性被搞臭，后果很严重！聪明的交易者都会敬而远之，避之唯恐不及，最后导致恶性循环。如果只有庄家一个人玩，无人跟风，想要让一只股走好，基本上是一件不可能的事情。庄家失败的案例多了去了，只是我们别去跳这种坑就行了。

以图 5-31 为例：

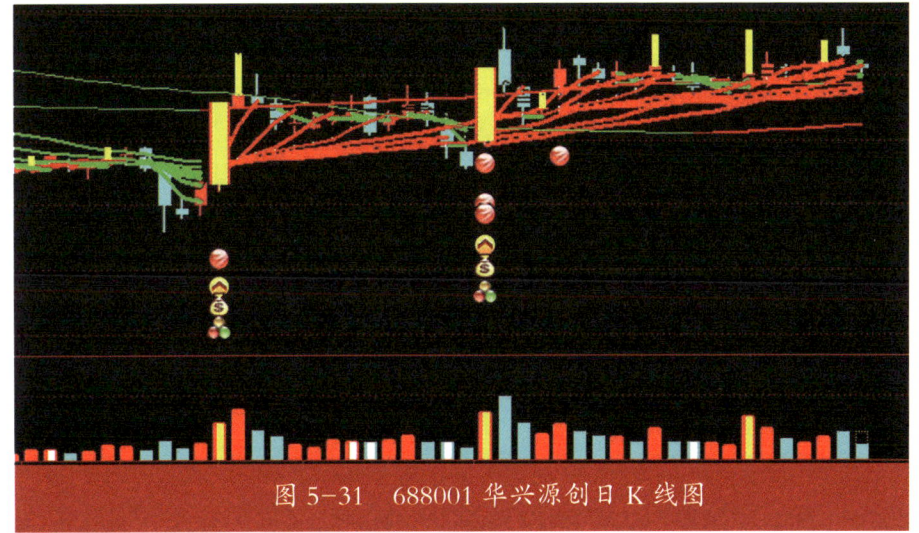

图 5-31　688001 华兴源创日 K 线图

688028 沃尔德，也是一只扶不起的"阿斗股"。2020 年 5 月 6 日一根大阳线，之后就一路调整，5 月 19 日好不容易出了一根阳线，第二天又是冲高回落收阴线，6 月 8 日、6 月 23 日都是失败 K 线，这个操盘手的水平也很臭，大均线虽然有压制作用，但是每次都失败，也太让人无语了。如此股性肯定是被人嫌弃的。

以图 5-32 为例：

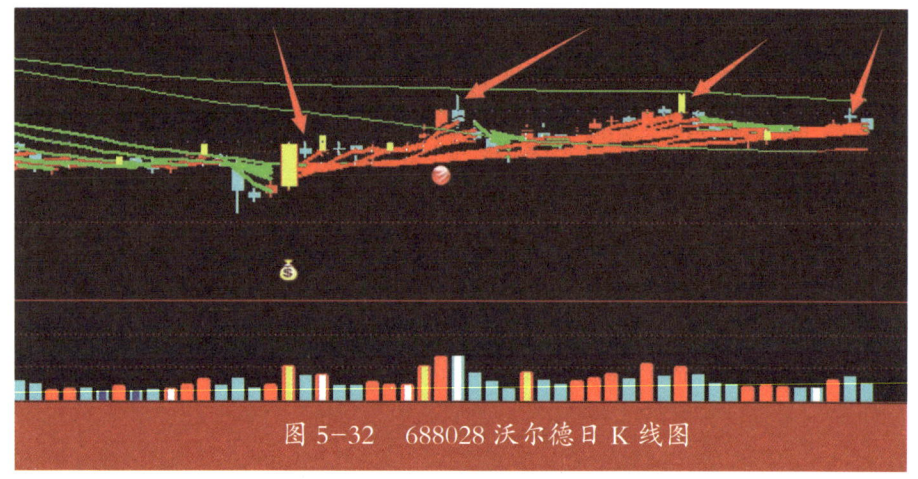

图 5-32　688028 沃尔德日 K 线图

此类个股，说得好听点叫作正在构筑底部，说难听一些，就是没有被主力相中，什么时候能够出现上涨行情没人知道。

众所周知，底部百日筑底，上涨三日见顶，过早地去买入这些躺在低位的个股，热衷的人自称是逢低买在最低点，但是中国股市最不缺的就是下跌无底，尤其是一些上市已久，历史上曾经有过大幅炒作的个股，现在的走势，其实是因为主力放弃后剩下的一地鸡毛，烂摊子。

在这类股中，往往是老主力已经在前一波行情中割完"韭菜"全身而退，新主力尚未进场或正在建仓，这个时间段是漫长的、乏味的，我们可以看到的那些，在低位像死蛇一样的个股，都符合这个规律。

688003 天准科技，就是一只和上面列举的华兴源创走势极为相似的个股，2020 年 5 月 7 日出 20％大阳线后，也只有一日游行情，6 月 22 日出重大利好，也是高开低走，收大阴棒，第二天再跳空下跌。

以图 5-33 为例:

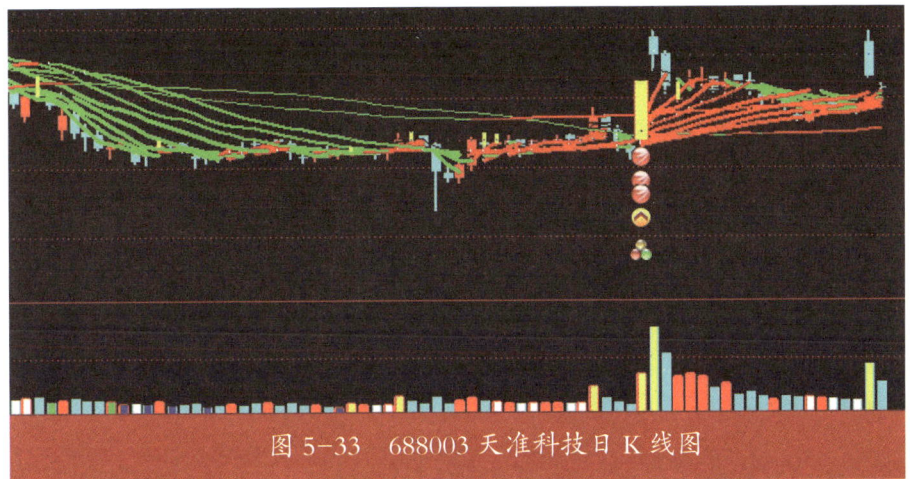

图 5-33　688003 天准科技日 K 线图

　　688005 容百科技,又是一只经常出一根阳线就立即不涨的个股。喜欢买强势股的交易者如果买到这种股,真的会很沮丧,弃之不舍,食之无味,尽早出局是唯一选择;并且在某股上如果吃过一次亏,就应该将它打入另册,不看亦不买。

　　以图 5-34 为例:

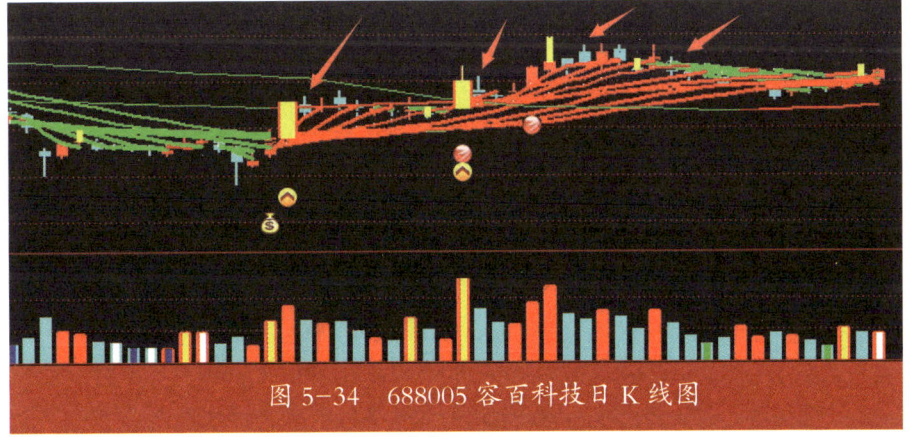

图 5-34　688005 容百科技日 K 线图

688007 光峰科技，股价走势也是那么的不堪，可以归类到"阿斗股"中，每一次欲涨还休，坑死了一帮追涨资金。

以图 5-35 为例：

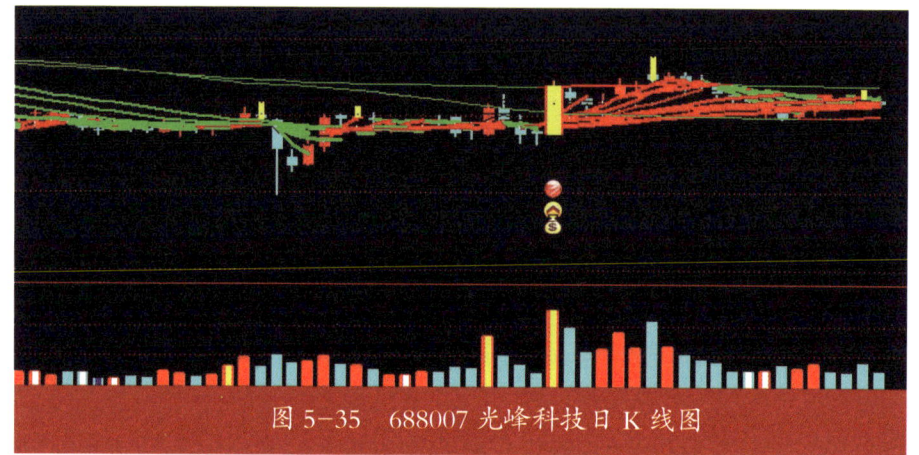

图 5-35　688007 光峰科技日 K 线图

上面举例的个股，仔细看一下代码，你就会惊讶地发现，它们是 688001、688003、688005、688007、688028，说明它们是科创板最早上市的一批股票，曾经的炒作已经透支了它们的生命力，这是件非常可悲的事情。

长江后浪推前浪，前浪死在沙滩上。现在科创板新股上市的速度是最快的，基本上是一周五只以上。这样就导致了市场中只剩下最有活力的两类个股：一类是上市不久的新股、次新股，它们还不曾被炒作过，属于"小鲜肉"；另一类是主力已经控盘、升升不息的上升趋势股。每天占据涨幅榜前列的都是它们。

做超短，机会与时间都是非常宝贵的。我们每天一定要抓住最佳个股机会，用尽量少的时间去斩获尽量多的利润，尽量做到资金利用最大化，尽可能不去买那些技术形态差的个股，尽可能去抓个股最有炒作热情的"鱼肉"行情，放弃鱼头鱼尾股的诱惑。

第五节　封板原动力：主力大单买入交易技巧

我认为，一只个股之所以能够爆发上升行情，技术形态好是基础，在好基础上才能够建造高楼大厦，但是谁来建造高楼大厦，那就是当天参与并且主导行情的机构和游资。

合力推升股价很重要，主板个股那种分时冲天炮式的上涨，一家独大现象，在注册制交易规则下彻底消失，因为2%的买入限价的原因，股价在18%涨幅之前一定是慢涨的，早市急升一定失败。只有下午当股价呈台阶形上升至18%涨幅之后，才需要警惕突然封板了。

综观至今封住20%涨停板，次日继续上涨甚至大涨的个股，都有一个特征，机构席位是买入前五名的主买席位。他们主买要比游资营业部主买靠谱多了。尤其是当个股技术形态好的时候，次日的上涨甚至大涨是一定的。

688158优刻得，2020年2月6日，该股以20%涨幅的大阳线报收，当天的龙虎榜成交回报上，前五家买入都是机构专用席位。

以图 5-36 为例：

买入金额排名前5名营业部		
营业部名称	买入金额(万元)	卖出金额(万元)
机构专用	6505.24	—
机构专用	4766.78	—
机构专用	3808.05	—
机构专用	2805.26	—
机构专用	2633.36	—

图 5-36　688158 优刻得成交回报

当天的 K 线形态为反转，股价创出上市新高，这种技术形态，是最容易走出主升浪行情的，很多机构专用席位，特别热衷于做此类形态的个股，我在成交回报中，经常可以看到这种机构专用席位现身露面。

以图 5-37 为例：

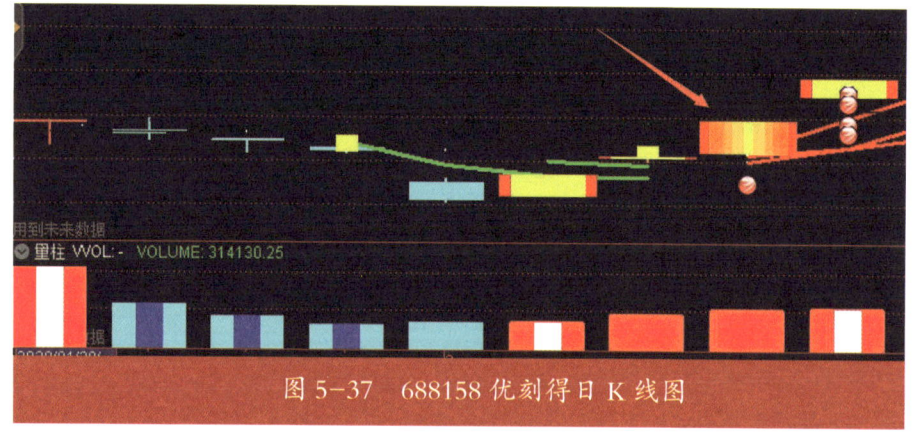

图 5-37　688158 优刻得日 K 线图

在分时走势图上，我们可以注意到主动性买入大单众多，表现形式为红柱成交量占据了当天大部分时间。

以图 5-38 为例：

图 5-38 688158 优刻得分时走势图

688126 沪硅产业，2020 年 4 月 30 日，报收 20％涨幅大阳线，当天龙虎榜揭秘，一家机构专用席位主买，当天买入 15500 万元。其他两家机构专用席位助攻，总共买了 15700 万元。正是因为有了这三家机构席位的主攻，次日该股再报收一根 20％涨幅的涨停大阳线。

以图 5-39 为例：

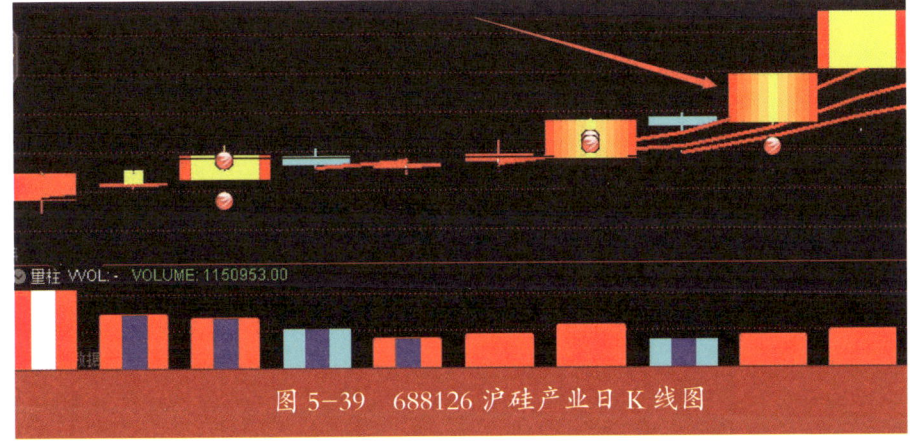

图 5-39 688126 沪硅产业日 K 线图

下面的 4 月 30 日成交回报，记录了当天的买入前五位：机构专用席位三家、游资两家。

以图 5-40 为例：

买入金额排名前5名营业部		
营业部名称	买入金额(万元)	卖出金额(万元)
机构专用	15500.00	—
兴业证券股份有限公司陕西分公司	8720.42	—
机构专用	8288.31	—
机构专用	7508.17	—
中国银河证券股份有限公司杭州庆春路证券营业部	6977.81	—

图 5-40　688126 沪硅产业成交回报

从下面当天的分时走势图上，可以看到大量的分钟红柱大量买入，正是这些大成交量，推升着股价的步步上行，并且成功封板。

这种机构专用席位大买的现象，如果是出现在低位，并且在之后的上行过程中，机构专用席位一直没有出现在卖出席位回报中，说明这些筹码仍然锁仓其中，行情没有结束。

以图 5-41 为例：

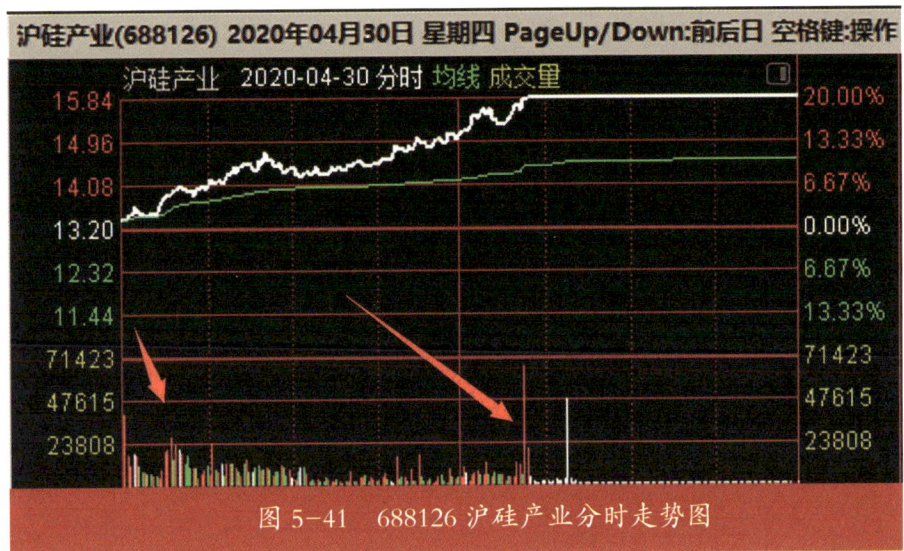

图 5-41　688126 沪硅产业分时走势图

688085 三友医疗，2020 年 5 月 12 日，报收一根 21% 涨幅的大阳线，第二天最高上冲至 19.74% 后回落。

以图 5-42 为例：

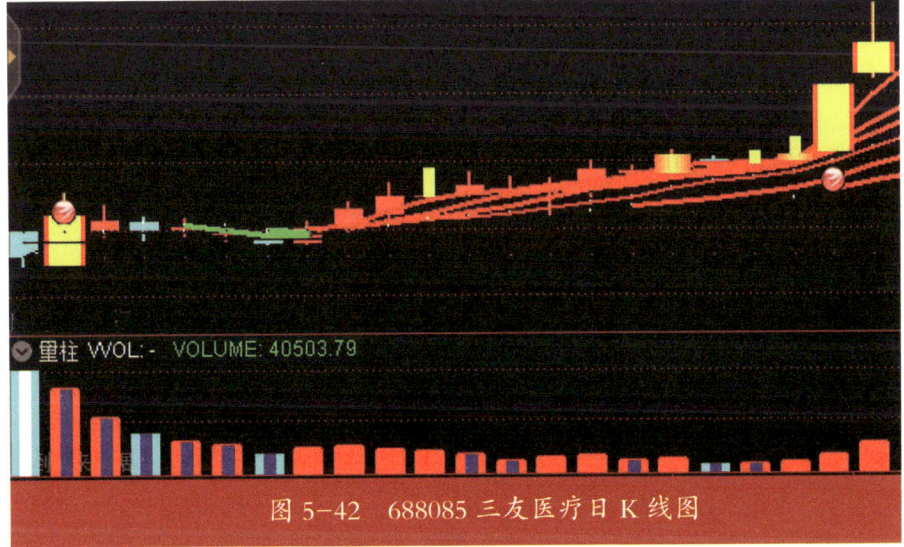

图 5-42　688085 三友医疗日 K 线图

从下面当天的分时走势图上看，上午的上涨有大买入红柱众多，横盘整理时立即成交量成芝麻点，午后股价再起升势时，主动性买入红柱，超过了早市第一小时的量柱，这是一种很好的买入现象，因此在 13：45 至 14：03，遭到空方狙击股价快速回落后，买方再夺回失地，封板至收盘。

以图 5-43 为例：

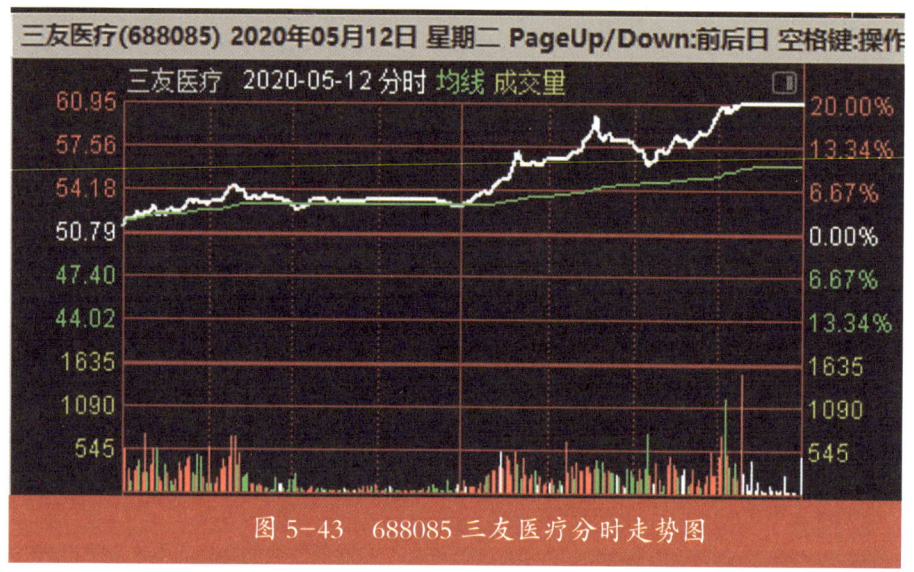

图 5-43　688085 三友医疗分时走势图

从下面的当天买入前五名回报看，当天有三家机构专用席位买入，只是金额并不太多，除了第一家买了 5000 多万元之外，第二家只有 1100 万元，第三家甚至不到 500 万元。第二天一上攻，这些筹码轻易就派发了，所以该股只能是冲高回落而不是继续封板，这么一波涨下来，也有 40% 的涨幅，机构们的获利非常丰厚。

以图 5-44 为例：

买入金额排名前5名营业部		
营业部名称	买入金额(万元)	卖出金额(万元)
机构专用	5392.91	—
兴业证券股份有限公司武夷山中山路证券营业部	1629.01	—
机构专用	1104.50	—
首创证券有限责任公司上海斜土路证券营业部	608.49	—
机构专用	485.29	

图 5-44 688085 三友医疗成交回报

688278 特宝生物，2020 年 6 月 15 日，升势加快后创出历史新高，当天报收一根 20%大阳线。

以图 5-45 为例：

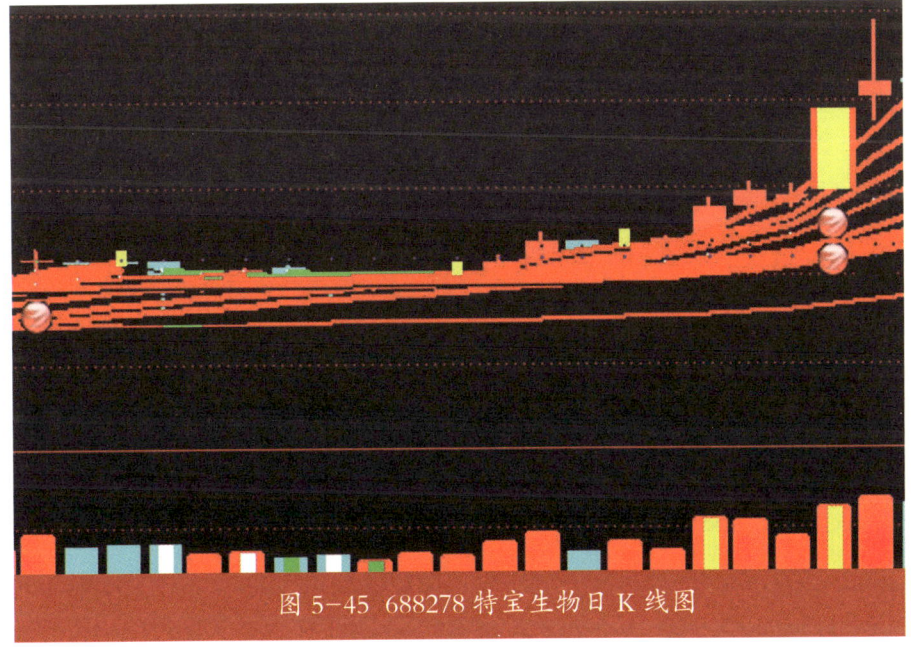

图 5-45 688278 特宝生物日 K 线图

　　下面贴上当天的分时走势图，走势是非常健康的一步一个台阶的步伐。这也是注册制交易规则下，最容易辨识真机会与陷阱的关键点。

　　凡是早市放量急升的个股，一定是失败的，哪怕它的技术形态再好也没用。急升至高位后，主力是不可能在高位接下所有的卖出筹码的，因为根据科创板交易规则，从新股上市的第一天起，就可以融券做空，这可能是早市急升股冲高回落的重要原因吧，持仓者获利了结，加上融券做空两重压力，还真不是一般资金能够扛下来的重担。

　　知不可为而为之，愚也！知道了注册制交易规则下个股的运行规律，抓住机会避开深坑，就不再是一件困难的事情了。

　　以图 5-46 为例：

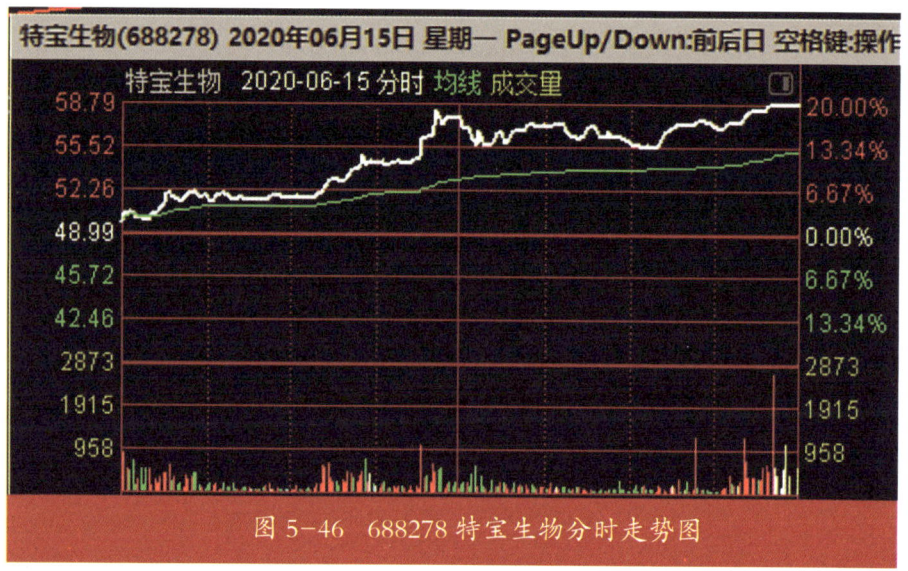

图 5-46　688278 特宝生物分时走势图

　　这种台阶式上升的个股，明显的特征是换手充分，在当天的上升过程中，那些之前的交易日在低位买入筹码的交易者，在看到已经获得了丰厚的利润时，对横盘走势的折磨会不耐烦，尤其是股价在 11:21 触板回落后，出局意愿会更加强烈。

在该股的分时走势图上，11:25至14:11众多的卖出绿柱，就是这些出局盘的卖出所为，最多回落幅度达到7%。如果不是主力的钱足够多的话，一般这种上午触板回落股多会就此沉沦，这就是我反复强调要警惕早市暴涨股的追涨风险。

该股之所以在14:11后，还会再有大量买单推升股价，从龙虎榜回报看，就是机构专用席位在发力，从当天的买入金额排名前五的龙虎榜揭秘看，排在第一、第二位的两家都是机构专用席位。

以图5-47为例：

买入金额排名前5名营业部		
营业部名称	买入金额(万元)	卖出金额(万元)
机构专用	2259.76	—
机构专用	1832.47	—
中信证券股份有限公司杭州延安路证券营业部	1679.83	—
平安证券股份有限公司四川分公司	875.29	—
国融证券股份有限公司杭州鸿宁路证券营业部	584.96	—

图5-47　688278特宝生物成交回报

只不过当天只有两家机构，买入数量也不是很多。所以第二天只是冲高至17.35%涨幅后，量能就大幅萎缩，13:11在创出当天股价新高时，也没有量新高的配合，结果导致了14:30的快速回落。

以图 5-48 为例：

图 5-48　688278 特宝生物分时走势图

很多个股在突破历史新高后，都会走出一段主升浪行情，但是高度多少，则取决于主力的参与力度，当天一般都有机构专用席位的参与身影。

从科创板个股已有的 20% 大阳线龙虎榜成交回报看，如果五个买入席位都是游资营业部的话，第二天的涨势高度有限，如果没有新的大资金接棒的话，当天冲高回落是一定的，因为成立第一根 20% 大阳线，涨幅已经相当于主板市场的二连板了，第二天再涨 10%，那就是三连板的高度了，如果触及 20% 的高度，两个交易日就有 40% 的涨幅了。短线有这么大的涨幅，不招致获利盘的出局是不现实的。

个股创出历史新高，走出主升浪行情，后市的高度取决于题材、价格、主力意愿诸多因素。

科创板个股当天炒作的题材，其实是与主板共享的，除了单只个股重大利好之外，比如 2020 年春季爆发的抗疫题材。只是当天主板的个股最多只有 10% 的涨幅，而科创板个股却因为有交易规则红利的加持，当天就能够收获 20% 的涨幅。

不了解注册制交易规则的人，会把科创板的涨停板与主板的涨停板等同看待。因为参与科创板交易的人，都是在主板长期交易的人，每天都是在主板和科创板两个市场环境同时交易的，能力欠缺的人就把科创板股当主板股炒了。

最明显的例子就是，那些第一天已经有了 20% 涨幅的个股，第二天还有很多资金参与，那些早市爆发巨量上攻的资金，其实也是把科创板个股当主板股炒了，他们在主板一天只能赚 10%，看到在科创板能有一天 20% 的收益，就忘记了注册制交易规则与主板的区别。他们不知道连板在科创板个股实现，是件很难的事情，尤其是那些早市放量大涨的个股，最终一定是冲高回落的，那些习惯在主板买二板的人就悲剧了。

而那些做惯主板交易的持仓者，一些逢低买入者和分时启动位买入的人还好，那些在主板交易中习惯打板买入的人，当天封板买对是不错的，但他买入的位置已经相当于主板股的二板位置了。

如果他熟知注册制交易规则与主板的区别还好，超短高手也会在高位卖出。真正错过卖出机会的，是那些习惯在主板买在首板还能收获二板的人，第二天在早市上攻的时候，还傻傻地等着连板出现呢，最后落得一场空。

还有一个要说明的情况，很多迷信龙虎榜的人，见到启动首日机构专用席位买入后，会去关心之后机构出逃了没有，出逃了多少，还剩下多少筹码没有卖出。

这其实是个误区，只要个股当天没有达到必须披露交易信息的条件，是不会出现在龙虎榜上面的，是否已经卖出是不为人知的谜。执着于机构有没有出局的人，是走进了误区而不自知而已。知道在大涨当天，有机构专用席位主买，最大的好处是第二天的涨幅会更大一些，奢望他们第一天大买，第二天再大买封板是不现实的，只是收益的期望值可以抬高一些，仅此而已。交易仍然应该按照自己的传统套路去做，不应该看到有机构专用席位主买，就心存幻想欲与机构共进退，而导致自己的交易变形。这样就失去了关注龙虎榜的意义。

第六节　主力买入大单指标的助力作用

从上面的内容中，大家已经知道，一只个股的技术形态好是基础，但是当天要成立一根大阳线，那是要靠大量主动性买入大单买出来的。离开了机构、游资的巨量资金的大单买单，上升的股价一定会夭折，市场缺的永远是资金，个股缺的是大资金的主动性的大单买入，所以走势才那么死气沉沉。尤其是那些得不到大资金光顾的个股，永远死蛇一样在低位徘徊，无人问津。

同样技术形态的两只个股，一只仅是散户小单在折腾，另一只则有大量的主动性买入大单在前赴后继不断涌现，两只股的结果可想而知。

现在有很大比例的短线打板交易者，已经习惯于收盘看龙虎榜上的成交回报，去看机构和游资的介入状态。当交易者看到个股的龙虎榜成交揭秘中，有机构专用席位和游资营业部的买入金额和排名之后，才后知后觉地知道，今天主导行情的力量是游资还是机构。并且因此产生错觉，认为机构进来建仓抢筹了，于是喜滋滋等着第二天追买呢。这种战法在主板还适用，因为出龙虎榜当天主力建仓成本也许会很高，一般成立首板，如果又有技术形态加持，后市的空间也许会在两个板以上，首板出现后，尤其是看到当天有机构现身，次日追买也许能再连板。

问题是，注册制的交易规则，个股有 20% 的涨幅限制，有心做盘的主力，不管是机构还是游资，他们买入的时间一定比散户们早，买入价格也一定会比散户们低一些。

如果一开盘立即放巨量，有资金爆买，那么这些第一时间买入的资金，一定是当天排位前列的主买机构或游资的，因为他们早就做好了计划，一旦开盘立即毫不犹豫地抢低位筹码建底仓，这种低位筹码成本最低，更因为科创板实行的是 20%的涨幅，当天就可能获利 15%以上。

所以，实施注册制交易规则的科创板，个股 20%涨幅的龙虎榜成交回报，与主板 10%涨幅的成交回报，是不可同日而语的。

虽然我们知道了第一时间买入的重要性，但是正确判断可不是件容易的事情。在股市，任何一次犯错，都是要以付出自己的钱作为代价的。

分时主力大单指标，就可以很好地解决怎么判断上升走势中谁在主买的问题。凡是分时走势中显示有主力大单买入，且逐波推升向上的个股，当天大概率会涨得很好。

如果是在最后 30 分钟甚至在最后 15 分钟时股价的上升，得到了主力大单连续的买入，大概率该股会收盘在最高位。

注册制下的科创板个股，还有个与主板股不同的地方，很多传统技术在主板已经失效，却可在科创板使用，比如尾盘买入法。

靠尾盘买入战法，斩获十个月 14 倍收益的杨永兴，将 634 万元资金做到一亿元以上。但是现在主板尾盘买入收光头阳线的个股，第二天大概率是下跌的。因此尾盘买入在主板，已经是不能采用的过时战法。这也说明，股市技术是在进化的，适者生存，因循守旧的人失败。

在下图中我们可以看到，10：09 出现的红黄色柱状带，到 10：42 时消失了，这种现象说明这时候的成交量已经达不到指标的下限，11：04 股价放量创新高，红黄色柱状带又出现了，之后在股价上升过程中放大，直至封板收盘。

下面这两只分时走势股例，就是典型的被资金买出来的封板大阳线。

以图 5-49 为例：

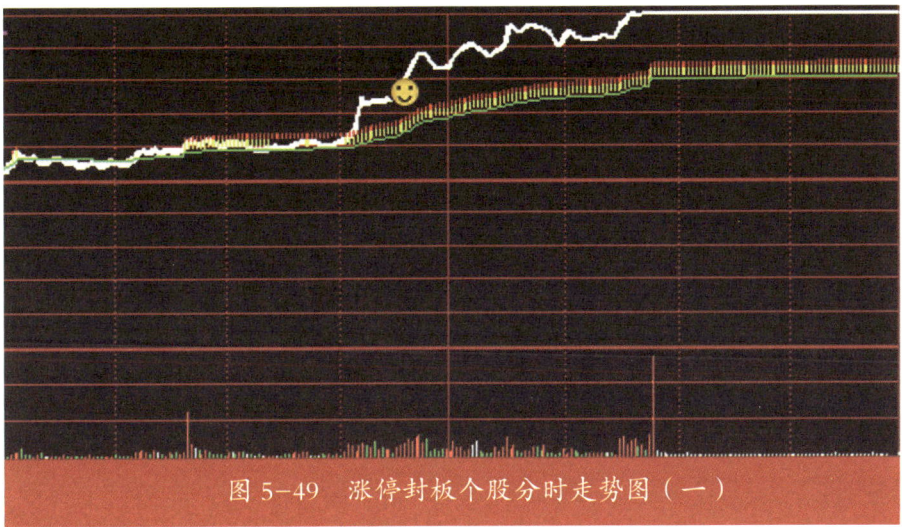

图 5-49　涨停封板个股分时走势图（一）

以图 5-50 为例：

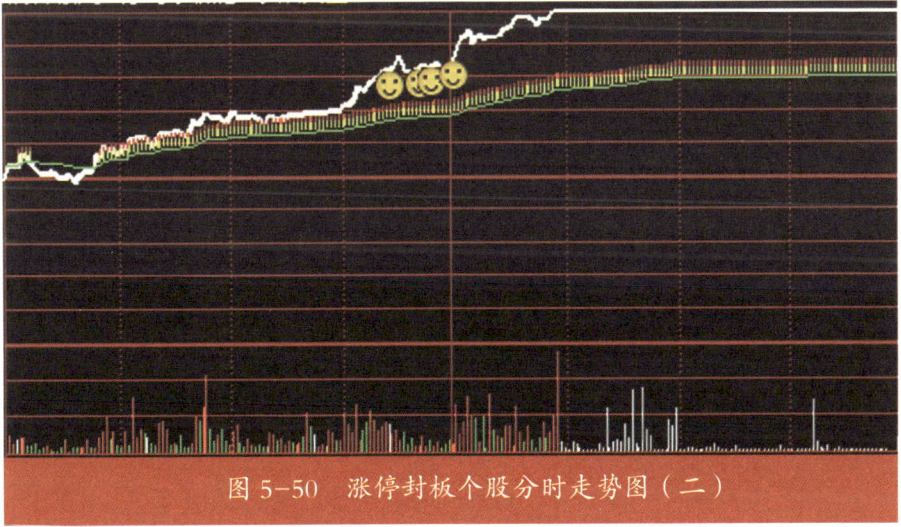

图 5-50　涨停封板个股分时走势图（二）

第七节　单次"T+0"的规则和交易技巧

实施注册制的科创板，又将迎来一次新的改革，那就是实施单次"T+0"的交易规则。

之前 A 股实行的是"T+1"交易规则，即今天买入的筹码，要等到第二天才可以卖出。这种交易规则之前大家也习惯了，也无所谓为自己的早市犯错买单。

现在在有识之士的力争下，科创板也可以"T+0"交易了，允许在一个交易日中，进行单次"T+0"交易，即每天你的资金，可以多一次交易机会。

通俗地讲，就是如果你之前是空仓的，你可以先买一次，然后卖出，这退出来的钱，当天还可以买一次。

如果你之前已经有持仓，昨日报收的是大阳线，股价低开预计可能会出现快速杀跌，但是预期到位后一定会回升的，那你就可以低位开盘时卖出持仓，在下跌到位后立即买回来。之后当天你还有一次逢高卖出的机会。

如果个股波动剧烈，这其中的差价收益是非常可观的。当然把握住这种机会，前提是你要有这个能力才行，如果做反的话，你可能一天巨亏两次，资金归零太容易了。

"T+0"交易是一把锋利的双刃剑，能杀敌也易伤己。

第六章

第一节　涨停股次日利润最高

创业板实施注册制，虽然修改了交易规则，从原来的审核制改为注册制，涨跌幅从 10% 放大至 20%，但是交易主体没有变，还是原先已经习惯了涨停战法的那些激进交易者，主导行情的还是机构席位和各个证券营业部的游资。

创业板实施注册制后，立即爆发了第一只大牛股 300313 天山生物。

之前该股已经在首板启动后成立三连板，2020 年 8 月 24 日创业板实施注册制后，涨幅放大至 20%，各路游资"击鼓传花"，今进明出，用超短节奏炒作该股，收获 8 个连板！连证交所令其停牌核查都止不住其上行步伐。

以图 6-1 为例：

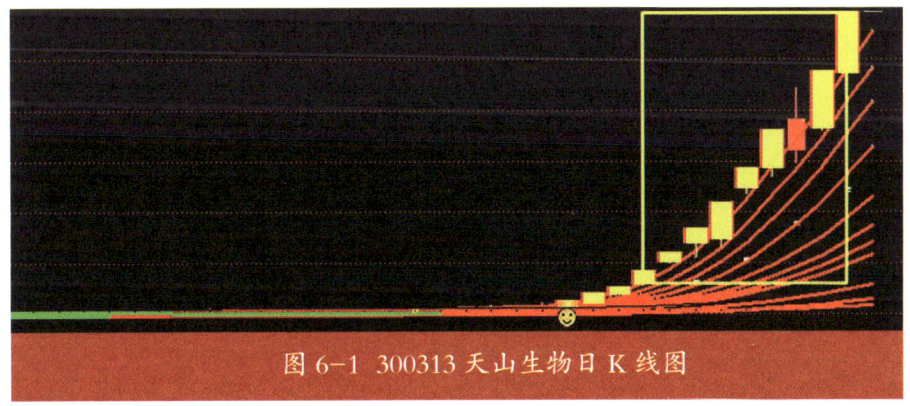

图 6-1　300313 天山生物日 K 线图

上图中我用黄色框限定的，就是该股实施注册制 20% 涨幅后，8 个交易日的走势。

从某种角度上讲，注册制交易规则，放大了个股的升势和跌势！

300301长方集团，启动首板就是20%涨幅，连涨6个交易日，直至被证交所停牌核查。

以图6-2为例：

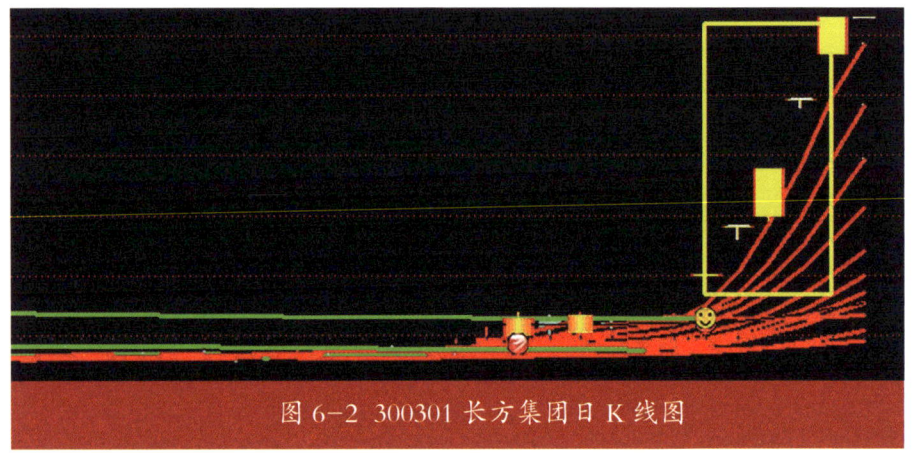

图6-2 300301长方集团日K线图

从上面两只创业板大牛股走势中，可以总结得到的技术共性，证明利弗莫尔的名言"阳光下没有新鲜事"说得正确！注册制放大了当日涨幅，当天个股能够封板虽然难度大增，但也证明了当天主导行情的主力资金的实力，更易受到次日新增量资金的热捧。

第二节　注册制下创业板的涨停首板战法

创业板实施注册制至今，涨停启动首板的性质，以走主升三浪的技术形态居多。

之所以形成这个现象，当然与市场之前有过涨幅相关，个股脱离底部后，主力洗盘已久的个股，一旦技术形态标准，放量启动，极易受到激进资金追捧。

因为主力资金炒作涨停技术已经熟能生巧，分时把控能力炉火纯青，又利用了深交所的交易规则"价格笼子"漏洞，2%的买入限价形同虚设，没有起到真正的作用。

主力炒作标的股又选择的是低价股，主力资金的预埋单，仍然可以用接力的方式，让股价直升依旧，所以创业板实施注册制改变的只是涨跌幅度，分时走势上的直升顽疾依旧，除非某一天让买入限价，做到像科创板那样无懈可击不被利用。

300178 腾邦国际，2020 年 9 月 1 日的收盘涨幅为 12.23%，超过了之前的 10% 涨停启动标准，第二天涨幅 20% 收于涨停，第三天就升势不再，但是仅仅调整了一个交易日，9 月 7 日就再起升势收于涨停，9 月 8 日的最高涨幅曾经升至 15.77%，才结束一波炒作。

以图 6-3 为例：

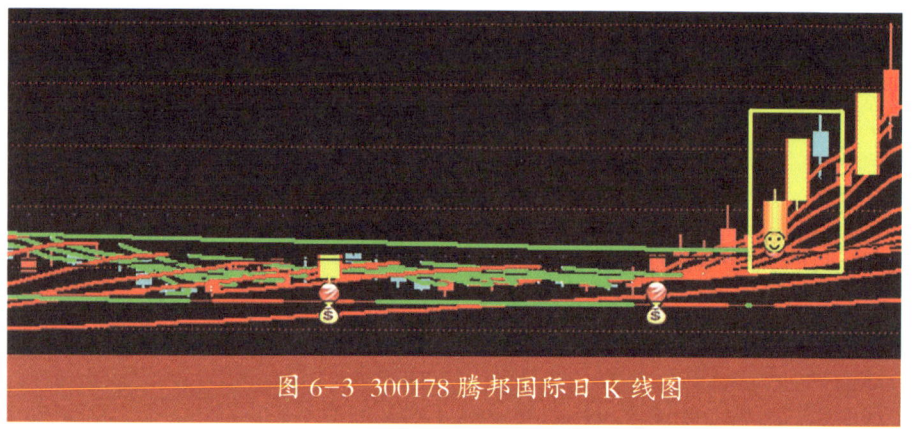

图 6-3 300178 腾邦国际日 K 线图

300176 派生科技，2020 年 8 月 25 日报收 20%涨停，7 个交易日走了五小浪。我用黄色线框出的 5 个交易日，走出了四小浪的分时结构。

以图 6-4 为例：

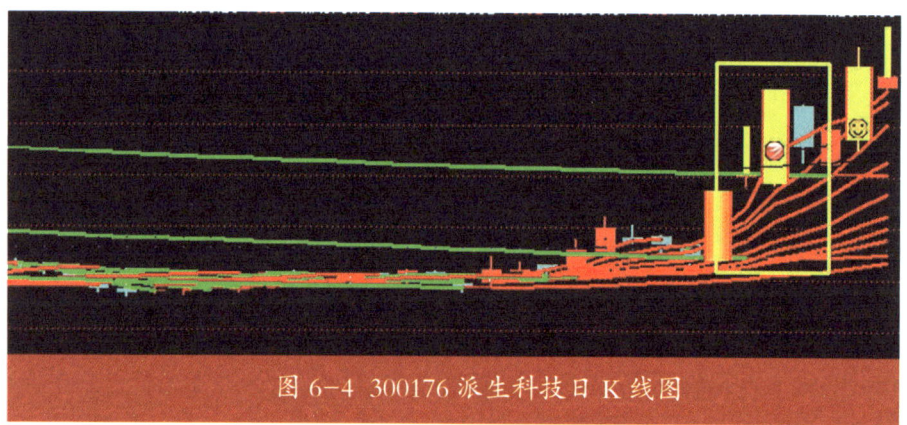

图 6-4 300176 派生科技日 K 线图

300071 华谊嘉信，2020 年 9 月 2 日涨停，第二天高开冲高回落，第三天大幅低开后回升，第四天再创新高封板，第五天最高涨幅 15.04%！5 个交易日走了三小浪结构。

以图 6-5 为例:

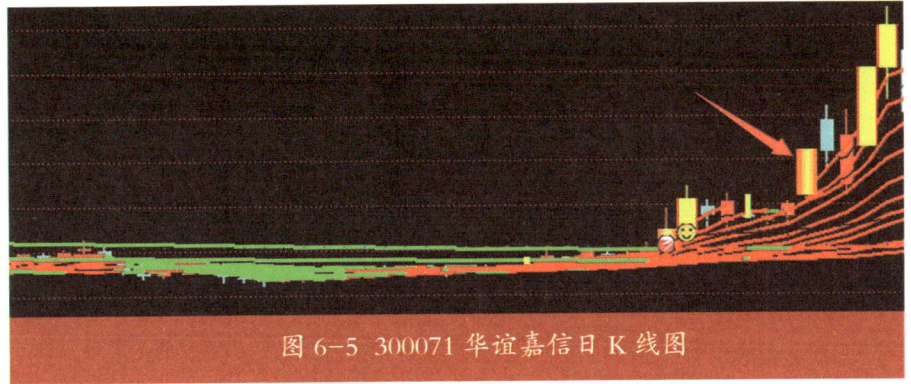

图 6-5 300071 华谊嘉信日 K 线图

从上面三个股例中，可以总结出来的规律是，涨停首板的成立，是行情启动的标志！后市的走势往往有连续性，走上升趋势居多，至少会完成一个小三浪，或者小五浪的浪形结构。

结 束 寄 语

　　我的《涨停启动》系列著作，这是第三本，也许是最后一本了。

　　中国股市走到今天，不变的宗旨，是为企业融资支持实业，现在已经在上市制度上作出了根本性的改变。从上海证券交易所成立科创板，试验注册制，到深圳证券交易所改制创业板，实施注册制，再在 A 股全面推行注册制，也许就是之后三年内的大概率事件，甚至推行速度会更快。

　　作为一个聪明的交易者，如果抱残守缺，不思进取，没有成为高手的雄心壮志，那么在他的股市人生"茶几"上，一定是摆满了"杯具"的。

　　我是个技术极客，我追求的是，用技术能力战胜市场，在股市实现自己财富自由的理想，时至今日，我可以自豪地说，我的股市人生是成功的。

　　我独创了两个经典理论：一浪反弹首板理论，并且著作成书《涨停启动：抓住连板牛股》；三浪主升首板理论，著作《涨停启动：抓住主升牛股》。

　　这两个理论，可以验证任何一只三连板以上的牛股！我的买点，一定是选择在成立首板的当天。

　　如果你至今尚未看过我的著作，建议你一定要阅读，相信一定能够进入一个新的境界。

　　我与其他证券书籍作者最大的区别是，我不是尚空谈的"教师"，靠总结著书，我首先是个市场交易者，我的理论是在长期看盘、交易过程中，总结提炼出来的精华。

　　更难能可贵的是，为了助力交易，我个人开发了一套选股系统：用不同的选股逻辑即时荐股，在符合技术形态前提下，涨幅3%时预警，供使用者提早发现好股，免去盘前选股的烦琐和无用功，让选股智能化。

好理论，必须能够在每天的实操中，有90%以上的成功概率。

为了理论结合当天盘面，我开设有个人新浪博客，每天写作当天看盘体会文章，当天选股次日验证平均收益。

如果你认为书上所讲是空泛的理论，有过时之嫌，那你真的应该去把我新浪博客（http://blog.sina.com.cn/yq768768）的文章，回看上几个月，验证一下我的理论实盘效果。

如果你对我的战法有兴趣，也可以联系我（QQ：897675280）。

最后祝您投资成功，早日晋级高手境界，实现财富自由的理想！

杨琪 （湖逸散人）

2020年9月9日，完稿于杭州